探究《たんきゅう》型《がた》読書《どくしょ》

編集工学研究所
Editorial Engineering Laboratory

CROSSMEDIA PUBLISHING

はじめに

ものの見方を変える読書

われわれは家具を見て強い感動を覚えるけれども、
その感動は物自体から必然的に生ずるのではない

──『野生の思考』
（クロード・レヴィ＝ストロース　大橋保夫訳　みすず書房）

編集工学研究所は情報編集のメカニズムを工学的なアプローチで研究する集団です。その研究成果を企業のブランディングやメディアプロデュース、空間設計など幅広い分野に応用しています。所長である松岡正剛は「編集工学」の創始者であると共に、読書と情報編集の関係を結び直す「読書文化」の開拓者として、これまでさまざまな仕事に取り組んできました。今回ご紹介する探究型読書は、松岡正剛が半世紀にわたって積み上げてきた読書と情報編集にまつわるさまざまな方法を組み合わせてメソッド化したものです。

◆　◆　◆

私たちが生きている21世紀の世界は、変化の凄まじいスピードと、変化後の世界の予測不能性で特徴づけられています。私たちの多くはこのような社会を複雑な社会とシンプルに表現し、普段はできるだけそのややこしさの実態を考えないようにしています。しかし、いざ、今回の新型コロナウイルス禍のような有事が出来すると、否が応にも現実と向き合わざるをえなくなります。現実とはすなわち、私たちが「複雑な社会」と表現しているこの社会に「きちんと向き合うこと」です。

時代の複雑さに直面している現在の私たちは、もはや、かつて信じられていた「大きな物語」や「正しい答え」にすがることはできなくなっています。私たちはいまや、次々に現れる未曾有の事態に対し、その都度、問題を設定し、試行錯誤を繰り返しながら生き延びる術を見つけなければなりません。

◆　◆　◆

時代の要請に応えることは、事業継続の観点から言って企業にとっては避けて通れない要件です。突如消滅する需要、短期間で変わり続けるマーケット・トレンド……。いかなる変化にも対応できるしなやかな柔軟性を備えた組織を維持するには、組織の構成員である社員にも時代の複雑さをハンドリングできる才覚が求められます。顕在化した課題を解決することが従来型の優等生タイプであるとしたら、今は、自らの力で事象の問題点を見つけ出せることが有能な人材の条件です。形骸化したものの見方、価値観に囚われていては、事象の本質を見極めるのは困難です。現代のビジネスパーソンにはあらためて「問う力」の有無が問われています。

教育現場も大きく変わりつつあります。高等学校では、従来「総合的な学習の時間」とされてきた科目が**「総合的な探究の時間」**に変わりました。「学習」から「探究」と言葉が変わっただけではなく、授業を下支えする基本的な考え方やその方法も変化しています。「総合的な探究の時間」で行われる、いわゆる**探究学習とは、生徒が自ら課題を設定し、その課題の解決に向けて情報を収集、整理し、分析する一連のプロセスのことを言います。**つまり、これまで存在しなかった「問い」を主体的に見つけ、解決策を導く姿勢とスキルを養うことを、国が初等・中等教育段階から支援し始めたことを意味します。

ビジネスパーソンに求められる「問う力」、教育現場に組み込まれる「探究力」の醸成に通底するのは、**固定化された認知の枠組みの打破です。**ある事象を目の前にした時、私たちの多くは、その事象の本質を真摯に捉え直すのではなく、身の周りで当たり前のように使われている概念と、その概念を表現する言葉を用いて、誰にでも分かる枠組みの範囲内で表現しようとします。椅子は椅子であるし、コップはコップというわけで、それ以外の存在の可能性については、できるだけ考えないようにしています。しかし、椅子という物体を椅子という概念から切り離して考えてみた場合、目の前にあるこの四足の物体には、私たちがこれまで考えもしなかった可能性が生まれるはずです。幼児には椅子という固定化された認知の枠組みがありません。大人になった私たちにはほとんど失われている豊かな想像力が、幼児である彼らにはまだ十分備わっています。そして、その曇りのない眼差しで世界の多様さを見つめています。

◆　◆　◆

人間が幼児の時に備えていた眼差しの復興、ものや事象の本質をまっすぐ捉えるための力を思い出してもらうために、編集工学研究所は探究型読書を開発しました。しかし、なぜ、「認知の改変」を目指すメソッドに本を活用しなくてはならないのでしょうか。

仕事の性質上、私たち編集工学研究所のスタッフは、日々、膨大な情報を収集・整理・分析して、新しい価値を導き出すということをしているわけですが、**情報の多くはいまだに本というパッケージに収められているため、本から情報を抽出し、自分たちの仕事のテーマに合うよう「編集」することが基本タスクとなっています。**とはいえ、私たちと本との関わり方は、必ずしも知識を仕入れることだけにとどまりません。クライアント企業の問題を解決したり、斬新なマーケットバリューを導いたりするためには、身近にたくさんある本を使って、あるいは本を〝踏み台〟にして、自分たちの予想もしなかった地点にまでジャンプする、言い換えれば、現状の認識に相転移（ある系の相が別の相へ変わること）を起こす必要があります。私たちはそのための道具としても本を捉えているのです。

探究型読書では、自分の思考を立ち上げる契機として、本の存在を意味づけています。本（とくに目次）を活用し、自分の思考にバリエーションをもたらす目的で、著者の視点を借ります。慣れ親しんだものの見方に自分の意識だけで揺さぶりをかけていくのは簡単なことではありません。自分のものとは明らかに異なる視点を取り入れて対象を観察したり、これまでにない斬新な思考を立ち上げるためには、強力な「きっかけ」や「支え」が必要です。その「きっかけ」や「支え」が私たちにとっては本なのです。

◆　◆　◆

「ＶＵＣＡ：Volatility（変動）、Uncertainty（不確実）、Complexity（複雑）、Ambiguity（曖昧）の時代」と言われて久しいですが、まさに現在は「どこかにある『答え』を探して旅をする時代」ではありません。**まだ見えていない問題や予想外の課題を、まずは仮説ベースで**

提案し、現実と調整しながら、手探りで解決の道を探っていくアプローチが求められる時代です。そんなややこしい時代に探究型読書が少しでもお役に立てれば幸いです。

編集工学研究所

目次

第二章 〈概念篇〉探究型読書の全体像

第三章
〈実践篇〉探究型読書の進め方

第四章 〈応用篇〉探究型読書の応用展開

第五章

〈対話篇〉探究型読書を巡る3つの対話

おわりに　世界を探究するために

第一章

〈背景篇〉編集工学の考え方

編集に取り組んでいると、
ある特定の目線で作中の事物を見るようになっていくんだ

——『映画もまた編集である』
（マイケル・オンダーチェ　吉田俊太郎訳　みすず書房）

編集工学研究所の仕事

探究型読書を研究・開発する私たち編集工学研究所は、「編集工学」という方法論に基づいて企業や地域の課題解決を支援したり、教育・研修事業を展開しています。探究型読書という読書法の土台ともなる「編集工学」について、ここではそのエッセンスをかいつまんでお伝えします。「ともかく早く『探究型読書』の実践方法を知りたい」という方は、先に第二章からお読みください。

◆　◆　◆

普通「編集」と聞くと、新聞や雑誌、本、ニュースサイト、映画といった、いわゆるメディアの制作・運営に関わる人たちの仕事を思い浮かべる人が多いと思います。雑誌の編集長、ニュースサイトの編集者、映画の編集担当――。仕事の内容自体はそれぞれでかなり異なりますが、それらはすべて「編集」と呼ばれています。編集工学研究所では、この「編集」という言葉をかなり広い意味で捉えています。私たちは常に「情報」に囲まれて生活をしていますが、編集工学研究所では、情報を扱う行為をすべて「編集」であると捉えています。情報を編集する。これが編集工学研究所の仕事の本質です。「企業や地域のブランディング戦略を支援する」「場のコンセプトを体現したライブラリー空間を設計する」「企業の理念やビジョンを再構築する」といった仕事はすべて、私たちにとっては「情報を編集する」という本質的な仕事の発展型であり、応用型なのです。そして、私たちは、このような日々の仕事のために、情報編集という事象を理論化し、誰でも使える方法の体系として整理をしました。それが編集工学です。

編集工学の起源

編集工学研究所は、松岡正剛によって約30年前に立ち上げられました。立ち上げの背景には、松岡が圧倒的な熱量で取り組んできたさまざまな「知的冒険」の積み重ねがあります。

1970年代に『遊』(工作舎)という雑誌が存在していたことをご存知でしょうか。編集工学として体系化された情報編集の基本的な考え方は、この型破りな雑誌の編集チームの思考方法が原点です。この雑誌は、たとえば、宇宙物理学と文化人類学、芸術や哲学と分子生物学を貫くようなジャンル横断型の特集テーマを設定し、深みのある膨大な論考群を発表し続けました。「人間文化はすべて情報文化とよぶこともできる」(『17歳のための世界と日本の見方』春秋社)と『遊』の創刊編集長であった松岡は書いていますが、編集工学研究所では、人間が言葉やジェスチャー、またはその組み合わせで意味を生み出し、それを他者に伝えたり、対話をすることも「編集」と呼んでいます。つまり、私たちは、芸能、料理、スポーツ、政治、研究、子育てなど、**人間が行うあらゆる行為を、人間によって「情報」が「編集」されている活動と見ている**のです。また、人間が行う活動に限らず、動物や植物といった人間以外の生命の営み、火山や地震、台風などの自然活動も「編集」が働いていると見なします。編集工学研究所の企業としてのフィロソフィが「生命に学ぶ、歴史を展《ひら》く、文化と遊ぶ」であるのは、このような気宇壮大なコンセプトが活動の根幹にあるからです。

私たちの周りで行われている多彩な「編集」は、そのほとんどが、行為の主体者（あるいは単なる主体）の自覚のもとに行われているわけではありません。たとえば、人体。私たち自身の身体のことを考えてみましょう。私たちは毎日当たり前のように食物を口から取り込み、胃で消化をしています。編集工学研究所の定義に従えば、人体も情報編集を行っていることになるのですが、それは身体、というか器官が勝手にやってくれていることなので、その「現場」がどう動いているのか、普段、私たちが意識する機会は多くありません。

同じように、ニンテンドースイッチがどのように動いているのか、デヴィッド・フィンチャーがどんな風に映画を作っていくのか、もちろん、細部まで把握している専門家は必ずいるのですが、私たちのほとんどはそういったメカニズム（仕組み）をいちいち知らなくても、なんとか生きていけます。私たちは、過去の偉大な人たちがこつこつと積み上げてきた「編集の成果」を享受するばかりの生活を送っていると言えなくもありません。ただ、普段の生活にそれほど支障はないと言っても、いざ、問題が起こると、そう安穏としたことは言っていられません。「最近、胃が痛いな。キリキリする。どうしたんだろう、私の胃は」となると、「胃が痛くなる原因って何かな？」「胃はどういう仕組みで動いているんだろう？」というようなことを考えるようになります。

私たち自身、および私たちの身の周りにある膨大な「仕組み」は、これまで長い時間をかけて、さまざまな人たちによって「編集」されてきたものです。そして、それらの仕組みの多くは専門的な知や技術として体系化され、受け継ぐ意志を持つ人々によって、連綿と継承されてきました。病気になったらお医者さんに診断をお願いすればいいし、法律のことは弁護士事務所に相談すればいい。しかし、そうそういつも誰かに助けてもらうわけにはいきません。自分でなんとかしないといけないことが、人生には必ず訪れます。気の進まない手紙を書いたり、厄介な関係の相手に片思いしたり、不利な条件のもとで交渉を強いられたり……。これらはいずれも、程度の差はありますが、課題解決案件と言えるでしょう。この課題解決を「情報編集」とパラフレーズすると、自分自身で「情報」を「編集」しなければならないことが、実は、身近にたくさんあることに気づかれると思います。

情報編集の基礎

ここであらためて、「編集」という言葉の定義を共有しておきたいと思います。**「編集」とは、あらゆる情報のインプットからアウトプットまでの「間」で起こっている「プロセス」のことと言えます。**この定義を採用すると、たとえば料理というのは、材料を「インプット」し、料理として「アウトプット」する「間」に行われる編集行為と考えられます。他にも、誰かと話をする時や、一日の出来事を思い出しながら日記を書く時にも、私たちは無意識に頭の中で「情報」を「編集」しています。無意識に行われている行為や思考の手順（プロセス）に名前をつけ、順番に並べて、必要であれば分類しながら、自分以外の人でも使える状態に整える。編集工学研究所の試みを要約すると、こういう感じになります。

さて、「編集」、つまり、インプットとアウトプットの間のプロセスの過程で「情報」はいろいろな変化を起こします。

たとえば、ある事件の「情報」を集めて整理する時を考えてみましょう。整理の仕方は多種多様です。どんな切り口／軸で整理するかによって、「情報」の意味は微妙に変わってきます。ホットな社会問題として整理する場合、人間心理の問題としてまとめるケース、令和の事件史のひとつとして見ることも。加えて、その事件を誰かに伝える時には、直接話す以外に、新聞、雑誌、テレビ、ウェブメディア、ソーシャルメディアなど、媒体によって、表現の仕方や伝え方の手順が変わります。言葉遣いも違ってくるでしょう。

私たちが普段、見たり、読んだり、聞いたり、話したりしている「情報」というのは、静的で、固定的で、一面的な性質を持つモノではなく、状況に応じて、その表情を変化させる極めて取り扱いのやっかいなものです。でもそれが面白い。

では、「情報」を取り扱うにあたってはどういったことを重視したらいいのでしょうか。そこには実に多様な視点や方法があります。その総体が編集工学であるわけですが、ここではまず、その入口となる重要な見方をご紹介しておきます。

情報の「乗り換え・持ち替え」

編集工学研究所では、「情報」は常に**「乗り換え・持ち替え・着替え」**を起こしていると定義します。

情報はいろいろなモノに「乗り換え」ることができます。「乗り換え」先次第で情報は、そのニュアンスを変化させます。情報はたいてい、何かに乗っているんですね。新聞、テレビ、ソーシャルメディア、本、看板、ラジオ、壁、人間……。これらはすべて情報の乗り物です。媒体とかメディアと呼ばれています。私たちが目にする、あるいは、耳にする情報はどんなメディアに「乗って」、私たち自身に届けられるのでしょうか。情報のニュアンスを考えるためには、とても大切な条件です。

また情報は、「他の情報」とセットになって新たに意味を生成することがあります。情報は情報を「持ち替え」ているのです。Aという情報があるとします。もともとセットだったBという情報を、Cという情報に「持ち替え」たら、Aのニュアンスは微妙に、あるいは劇的に変化することがあります。たとえば「梅」という言葉は単体では、春になると白い花を咲かせるきれいな樹木を想像させます。「梅」に「松」と「竹」をくっつけてみると、どうなるでしょうか。「松竹梅」で「梅」は、最も低いグレードを表現する言葉になります。うなぎ屋さんで「梅、くださいい」と言ったら、いちばん安いうな重が出てきます。当然、梅の木は出てきません。組み合わせのルール（型）が「持ち替え」られると、情報の意味合いも変わり、「乗り換え」られるのです。

そして、情報は「着替え」をします。

エディティング・モードに合わせて情報の様相が変化するということです。たとえば、雑誌には、ファッション雑誌、ゴシップ雑誌、ビジネス雑誌、インテリア雑誌などさまざまな種類があり、それぞれの雑誌の種類ごとにエディティング・モードが定められています。『ノッティングヒルの恋人』でヒュー・グラントが馬術の老舗専門誌『馬と猟犬』（Horse and Hound）の記者を装って、SF映画のプロモーションのために英国に来ていたジュリア・ロバーツら出演者たちにインタビューをするシーンがあります。その時、ヒュー・グラントは、SF的な設定と馬の共通点を必死になって探すのですが、おそらく彼の頭の中で起こっていたのは、ＳＦ的な情報をいかに馬術的世界観に「着替え」させるかということだったろうと思います。

このように私たちは無意識のうちに情報を「編集」したり、「編集」された情報に接したりしています。編集工学研究所は、この無意識に行われがちな情報編集の仕組みに注目し、その「編集」のバリエーションを析出《せきしゅつ》し、「編集の型」として構築しました。この「編集の型」は、編集工学研究所が運営する〝方法の学校〟「イシス編集学校」で、情報編集の方法を学びたい人たちに「編集稽古」という形式で継承しています。

イシス編集学校の［守］基本コースでは、さまざまな年代、職業、地域の人々が４カ月間をかけて、この基本の型を学びます。ネット上の「教室」に10名ほどの「学衆」と呼ばれる受講者が入り、それぞれの教室に１名の「師範代」（編集コーチ）がつきます。「学衆」には型を学ぶための「お題」が次々に届きます。学衆が「回答」すると、師範代から一人ひとりの回答に対して「指南」が届きます。これらのやりとりを通して「学衆」は、普段は無意識に行っていた思考のクセに気づくようになります。型を意識して思考しながら、情報編集の方法を身につけていくわけです。

今回、ご紹介する探究型読書も編集工学に基づいた「編集の型」のいくつかを組み合わせ、「本を活用した編集思考の訓練メソッド」として新しく仕立てたものです。ある意味では編集工学の入門プログラムとも言えます。

情報の地と図

もっとも基本的な「編集の型」として、「情報の地と図」という見方があります。情報というものは、必ず何かしらの「地」にのっていて、「図」として現れている事柄を私たちは認識している、という見方です。

たとえば「りんご」と聞いて、何を思い浮かべますか？　「赤い」「丸い」といった見た目もあれば、「甘い」「酸っぱい」といった味もあるでしょう。「白雪姫」を思い浮かべる人もいれば、アップルコンピュータを想起した人もいるかもしれません。同じ「りんご」なのに、ひとつの言葉から思い浮かぶ情報は実に多種多様です。それは、人によって、また時と場合によって、「りんご」という情報を捉える「地」が異なるからです。

「色」を「地」にして見れば「赤」や「青（緑）」が、「味」を「地」にしていたら「甘い」

「酸っぱい」「さっぱり」などが思い浮かびますね。「物語」を「地」にすると「白雪姫」や「アダムとイブ」が出てきますし、「ニュートン」を思い出す人もいるかもしれません。「マークとしてのりんご」ならアップルコンピュータが、「産地」を「地」にすると「青森」や「岩手」が、「りんご」というひとつの言葉から思い出されます。

ここで「想起したもの」が「図」の情報で、「想起する背景に（無自覚）におかれているもの」が「地」の情報ということになります。そしてもうおわかりのように、「地」が変わると「図」が変わります。

私たちはたいていある側面からしか情報を捉えていません。無自覚に設定された「地」の上で、固定化された「図」を認識していることがほとんどです。「情報の地と図」という構造に意識的になり、意図をもって「地」を切り替えていくことで、「図」としての情報はどんどん動いていきます。発想力が豊かな人というのは、この「地」の切り替えを常に起こせる人であるとも言えます。

つまり、「情報の地と図」という「編集の型」は、ある情報を、それが寄って立つ背景にあたる「地」と、その背景の上で認識される図柄である「図」に分けて見てみるという考え方なのです。「地」と「図」の関係は、情報の「文脈」と「意味」とも言い換えられます。

「わたし」という情報は、家や会社、公園という風に、その情報が立脚する背景（地）を変えることで、「図」として現れる〝図柄〟を変化させます。家を「地」とすると、「わたし」は早起きな夫、会社を「地」とすると、「図」は30人の部下を持つリーダー、公園を「地」とすると、「図」は早朝の30分間ランナーです。情報は常に揺らいでいるのです。「わたし」のさまざまな側面を取り出した例のように、情報に対してはいつも「地」と「図」の関係を意識することで、世界の多様性に触れることが可能となるのです。

『仮名手本忠臣蔵』と『東海道四谷怪談』の関係をご存知でしょうか。一方は、赤穂浪士47名の討ち入り武勇伝、他方は、夫に裏切られたお岩さんの復讐譚ですが、この2つは実はひとつの物語を異なる側面から切り取ったものです。「吉良邸討ち入りを実行した旧浅野家家臣たち」の立場（地）か。お岩さんに呪い殺される『『赤穂浪士』になれなかった伊右衛門」の立場（地）か。『東海道四谷怪談』は四代目 鶴屋南北が『仮名手本忠臣蔵』の外伝という体裁で書いた歌舞伎狂言です。

探究型読書は以上のような編集工学の基本的な考え方が散りばめられた、本を活用した編集思考のメソッドです。本の力を借りながら、頭の中で「乗り換え・持ち替え・着替え」を起こし、情報の地と図を切り替え、ものの見方に変更をかけていくことが可能となります。本によって、思考がどんどん動いていく様子を体感していただければと思います。

◆　◆　◆

それでは次章から、探究型読書のメソッドの中身に入っていきます。できれば「まだ読んでいない本（新書がおすすめです）」を1冊お手元において、この先を読み進めてみてください。

第二章

〈概念篇〉探究型読書の全体像

よき書物を読むことは、
過去の優れた人々と会話するようなものである

――『方法序説』
（ルネ・デカルト　谷川 多佳子訳　岩波文庫）

探究型読書とは

探究型読書は、物事を深く思考したり、自分なりの考えを組み立てたり、問題を追求し続けるための**「手段としての読書」**です。「本の内容を余さず理解しながら読み通すこと」を読書の目的とするのではなく、自分の思考を縦横無尽に展開させることを目的に本を活用すること、**「本を読む」ことそのものより、「本を手掛かりにして、考えること」を推奨するメソッド**です。

探究型読書は、本から情報を探し出し、その情報を土台にして読者が自分の思考を展開していく行為に価値を見出します。記述され

本を手がかりにして、考える

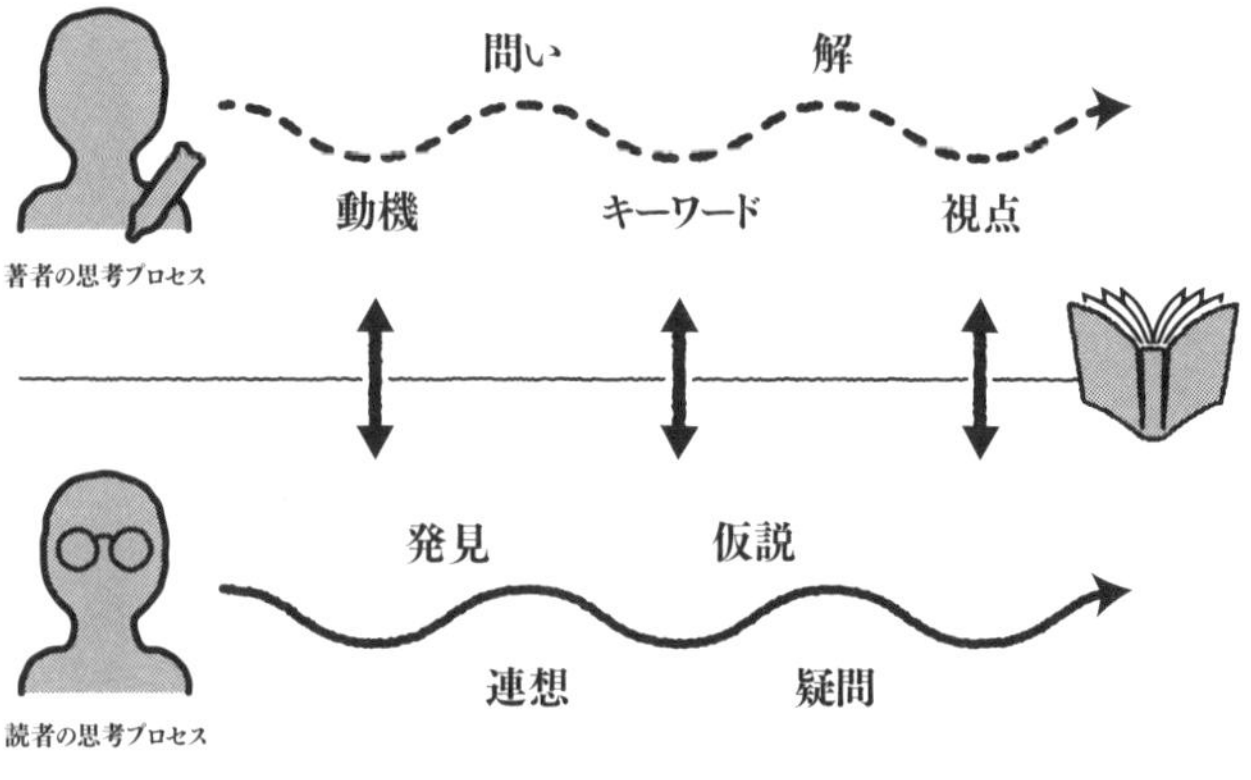

た内容をそのまま受け取るだけではなく、自分が持っている問題意識をフィルターにして本の内容をスキャンし、自分に必要な情報をピックアップしていく姿勢。これは、「本を主体とした読書法」とはかなり異なるアプローチだと思います。**探究型読書においては、主体は著者ではなく読み手の方です。**探究型読書は手に取った本の内容を完璧に理解することよりも、自分なりの思いきった仮説を立てることを優先します。たとえば、あなたが「これからの働き方はどうなっていくのだろう?」という問いに切実な関心を寄せている場合、その問いを必ずしも本の中に探すのではなく、「そのためには、自分ならどうするか」「自分ならどう考えるか」という、初期の問いから連鎖的に派生する問いを、本を読むことを通して生み出していくことが、探究型読書の狙いのひとつです。

探究型読書、5つの心得

探究型読書の本の読み方には他の読書法とは異なる、ちょっと変わった特徴があります。「心得《こころえ》」と言ってもいいでしょう。探究型読書を使って本の内容を探索する時にいつも心に留めておいてほしい事柄です。この5つの特徴が、探究型読書と他の読書法との違いを端的に示しています。

探究型読書5つの心得

- その1　読前・読中・読後
- その2　著者の思考モデルを借りる
- その3　かわるがわる
- その4　伏せて開ける
- その5　仮説的に進む

その1　読前・読中・読後

探究型読書は「読前」「読中」「読後」の3つのステップで本を読んでいきます。

　本屋さんに行って本棚を眺める、1冊の本を手に取ってパラパラとページをめくってみる……その時点ですでに、探究型読書では、読書は始まっているとみなします。この段階のことを私たちは「読前」と呼んでいます。「読前」の状態で、どこまで本の内容に関する仮説を立てられるか。それが主体的な読書の第一歩となります。本を読む前に、カバーや帯、目次を読む時間を意識して長くとってみてください。そして、その後、自分なりに

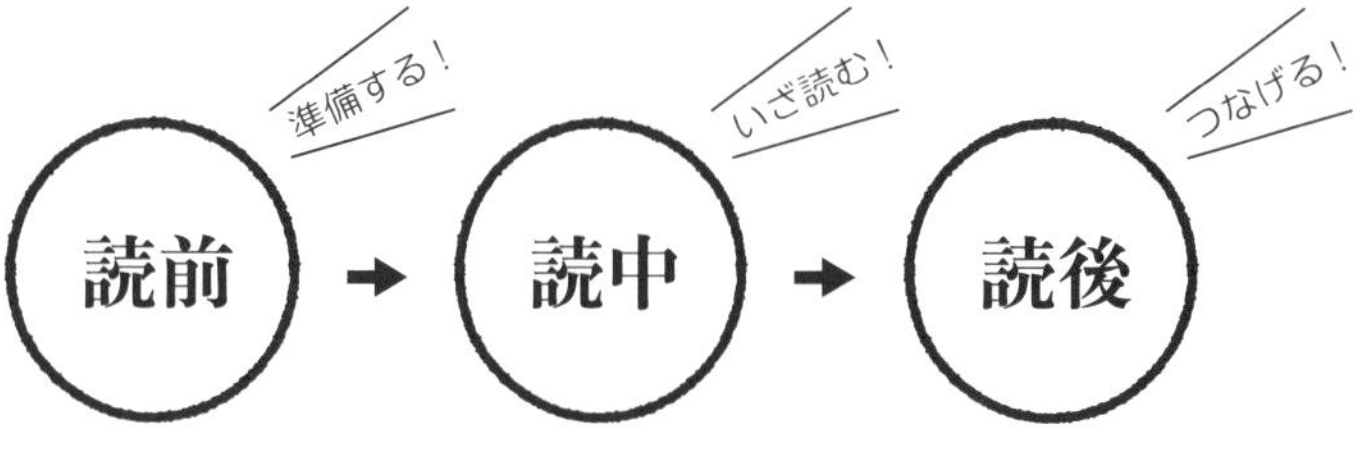

読む「前」と「後」も読書

本の内容を予測してください。読む前に本の内容の仮説を立てるわけです。この作業を行うだけで、本に対する親近感が増します。「読前」のステップの狙いは、主体的に本に関わるための準備状態を作ることにあります。

その後、実際に本を読んでいくのが「読中」です。通常、読書といえば、この「読中」のステップを指すと思います。

最後の「読後」は本の内容を振り返り、連想を広げるステップです。自分の考えを誰かに話したり、他の人の意見を聞いたりする意見交換の時間を取ることもあります。「読後」のステップでは、本の内容と自身の知識を接続して連鎖的に発想の輪を拡大していく**アナロジカル・シンキング（Analogical Thinking）**が重要です。

アナロジカル・シンキングとは、ある特定の物事を、類似に基づいて、他の特定の物事に適用する推論プロセスのことです。**本を読んだままにするのではなく、他の知識や他の本、他の経験へと、類推を駆使しながら、つなげていくことが大切です。そうすることによって本の内容は、単なる「情報」から生きる力を育む「知恵」になっていきます。**

その2　著者の思考モデルを借りる

探究型読書では、読んでいる本の著者の思考モデルを借りて、自身の思考を開始する端緒にすることを推奨しています。

多くの著者や編集者は、一冊の本の企画に際し、自らが抱える切実な問題点やどうしても主張したい意見、またはマーケットが強く求めるテーマを企画の骨子に据えます。私たちは本を読みながら、企画書に込められた著者の主張や論理の筋道をできるだけ正確に理解しようと努めます。その際、ただ読むのではなく、読んだ本の内容を数百字で要約しよ

著者の思考モデルを借りる

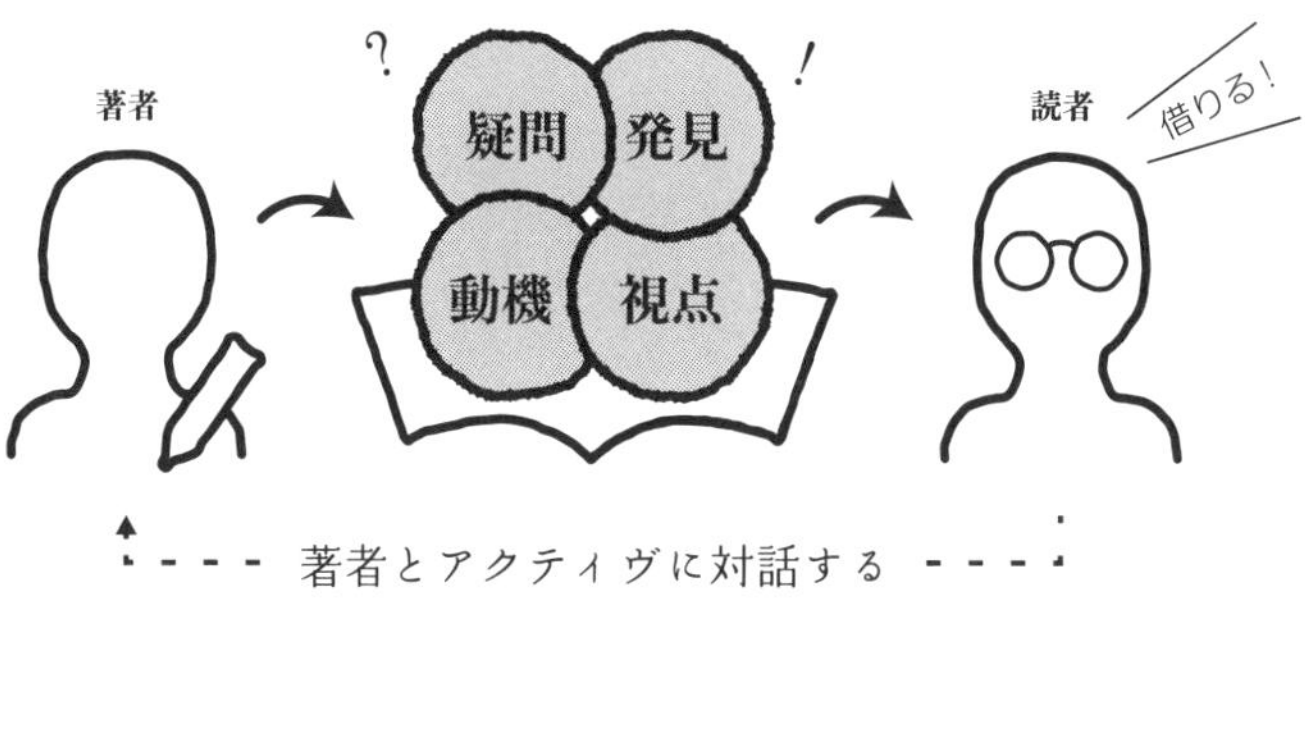

うとしてみると、意識は自然と本の最重要ポイントを探し始めます。そういう過程を経て取り出されたポイントが、「著者の主張や論理の道筋」、すなわち、著者の思考モデルです。探究型読書では、ここから一歩進んで、著者の思考モデルを踏み台にして、あなた自身が持っている問題意識を深めていくことを重視しています。これには2つの方向性が考えられます。

ひとつは、著者の思考モデルを詳細に分析していくこと。批評家の仕事に近い考え方で、当の本の精読に加え、関連資料の渉猟《しょうりょう》（多くの情報にあたること）が欠かせません。これは非常に時間がかかります。他者の思考をトレースする作業を通じて、自身の思考を深めていく方法です。

もうひとつは、いったんは著者の思考モデルを参考にしながらも、それを自身の問題意識に引き寄せ、独自の思索を展開していくことです。探究型読書は数時間で1冊の本を読むプログラムを組むことが多いため、この後者のアプローチを推奨することがほとんどです。中学校や高等学校の授業で行った時は、やはり、この後者のアプローチを採用した教室がほとんどでした。詳細については第三章で解説します。

その3　かわるがわる

探究型読書では、「正しく理解する」ことよりも「仮説的に読み取る」ことを重視します。そのためのひとつのスタイルとして、短時間で本の内容をトレースします。そういう読み方をしていると、「まだちょっとよく分からないな」「もっと読みたい」「あの章って、どういう内容だったっけ」といった欲求不満に似た感覚がいくつも身内に湧き上がってきます。そんな不満を解消するためにあらためて本に向かうと、その答えの手掛かりを見つけた時に胸のつかえが取れたようなすっきりした感覚を覚えます。

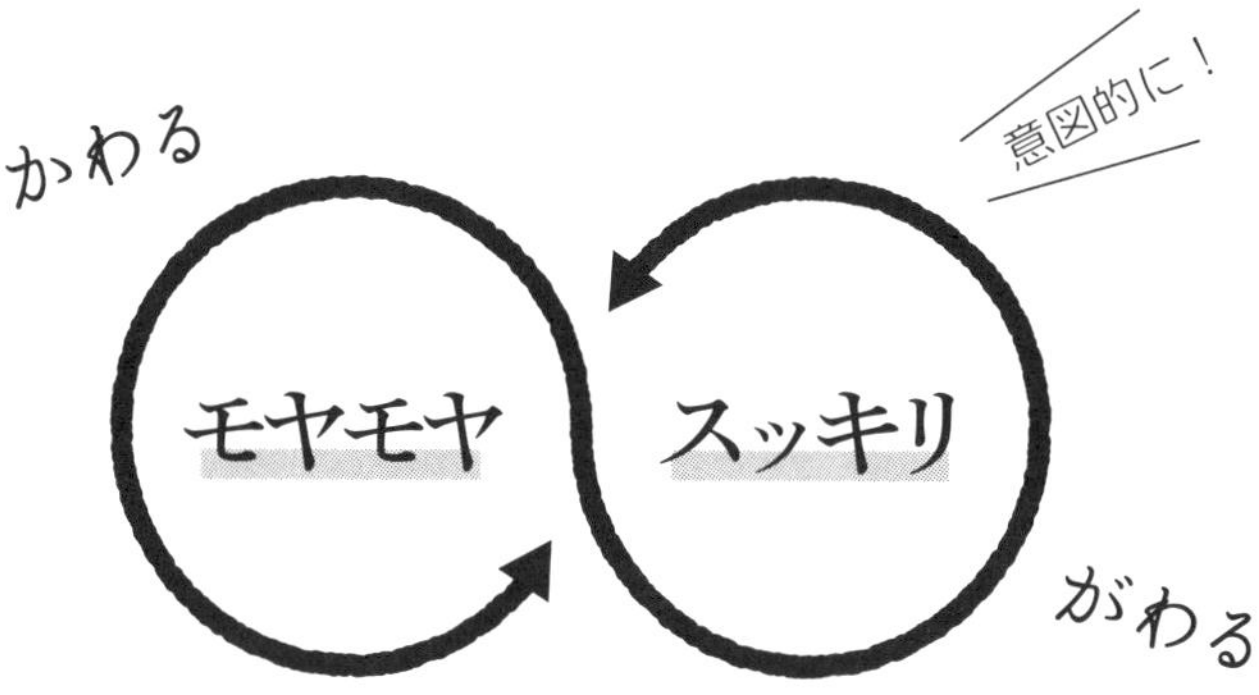

かわるがわる

探究型読書は、このようなモヤモヤとスッキリの感覚を短時間のうちに意図的に起こすよう、プログラムされています。モヤモヤの感覚の出現は、読者の中に、問い、疑問、問題意識といったある種の**「気づき」**が生まれていることを意味しています。時間をかけてゆっくり読書をしている時であれば、とりあえず、それらの「気づき」をメモしておいたり、本の中に書き込んだり、付箋を貼っておいて、後ほどスッキリする瞬間が訪れるのを待つでしょう。あるいは、別の機会に他の資料にあたって、疑問の解消を目指すことになるかもしれません。しかし、探究型読書は決められた時間内で本を〝スキャニング〟していきますので、たとえ読書中に疑問が浮かんだとしても、すぐにその疑問を解消する行動を取れるとは限りません。いきおい、短い時間の中で小さなモヤモヤと小さなスッキリがすごいスピードで交錯するわけですが、そういう状況に追い込まれると私たちの脳はとんでもない速度で情報処理のタスクを走らせます。

本の中に答えを探そうとするのは当然の行動ですが、手持ちの知識で解決が可能かどうかを検証し始めたり、いったん脇に置いておいて、処理の対象外にするなど、なんとか自分の中の情報の混沌に秩序をもたらそうとします。探究型読書はこのようなモヤモヤとスッキリのかわるがわるを大いに歓迎します。それが、主体的に思考することの最初のステップのひとつだと考えているからです。

その4 伏せて開ける

せっかく読んだのに、本の内容がまったく思い出せない、ということがありませんか。忘れてしまうということは、記憶に定着する取っ掛かりがない、ということ。何かを記憶したい、あるいは、記憶している時間を少しでも長引かせたい、ということであれば、記憶の取っ掛かりを作る操作をしてあげればよいのです。探究型読書では、読んだ場所をいったん「伏せ」、その内容を、（できれば）目をつぶって回想し、その後、該当するページを「開け」て、内容を確認するという操作を行います。いったん「伏せ」たものを思い出し、「開け」て確認するというシンプルな行

伏せて開ける

為は、記憶を定着させるのに役に立つばかりか、想像力を触発する効果もあります。**「伏せて開ける」を繰り返すことで、本との距離感がぐっと縮まり、仮説が浮かび上がりやすくなります。**

実際にやってみましょう。本を一冊手に取り、カバーや帯にゆっくり目を通します。その後、手で隠して見えないようにした状態で、先ほど見たものを思い出してみてください。何が思い浮かびましたか。

では、次に、本から手をはずして、どのようなカバーや帯だったかを再び目で確認してみてください。著者名、タイトル、表紙のイラストや写真の詳細、出版社名、レイアウト、裏表紙のバーコード、定価の表示方法、ＩＳＢＮ、出版社のロゴマーク、色、大きさ……。いったん「伏せ」てから、「開け」てみるひと手間を加えた後は、カバーや帯の印象が少しだけ鮮やかになった気がしませんか。「伏せて開ける」というのは、「思い出す／検証する」という行為の簡素な形態で、とくに「思い出す」行為は、記憶にとって、とても大事な要素なのです。

江戸時代の人たちは、読書の際に自然と「伏せて開ける」を実践していたそうです。当時はロウソクの明かりで読書をしていましたが、ロウが燃え尽きると、部屋は暗闇となり、手元の文字は見えなくなります。人々はその間、読んだところまでを思い返してディスカッションをしていたそうです。ロウソクがなくなるまでの時間をひと区切りとして、それまでに読んだ内容をもとに対話をする。このように「伏せて開ける」とは、先人が自然と実践してきた伝統的な読書テクニックのひとつなのです。

その5　仮説的に進む

本章の冒頭で、探究型読書には「本を活用した編集思考の訓練メソッド」という側面があると書きました。それは、本の内容を理解すること以上に、自身の問題点と照らし合わせて、少ない情報を材料にしながらまずは仮説を組み上げ、その仮説をフィルターにして、本の内容をスキャニングしていくという「編集」を行うからです。仮説を打ち立てるというのは、ある程度、蓋然性《がいぜんせい》の高い事実を手元に集めた後で、未知の結論に向かって勇気を持ってジャンプすることです。別の言い方をすれば、想像力で論理の「隙間」を埋める作業と言えなくもありません。仮説を立てるには、ちょっと勇気が必要です。しかし、思いきって仮説を打ち立てることで、少なくとも思考の方向性は決まります。その方向が的外れなら、随時、修正していけばいいのです。

仮説的に進む

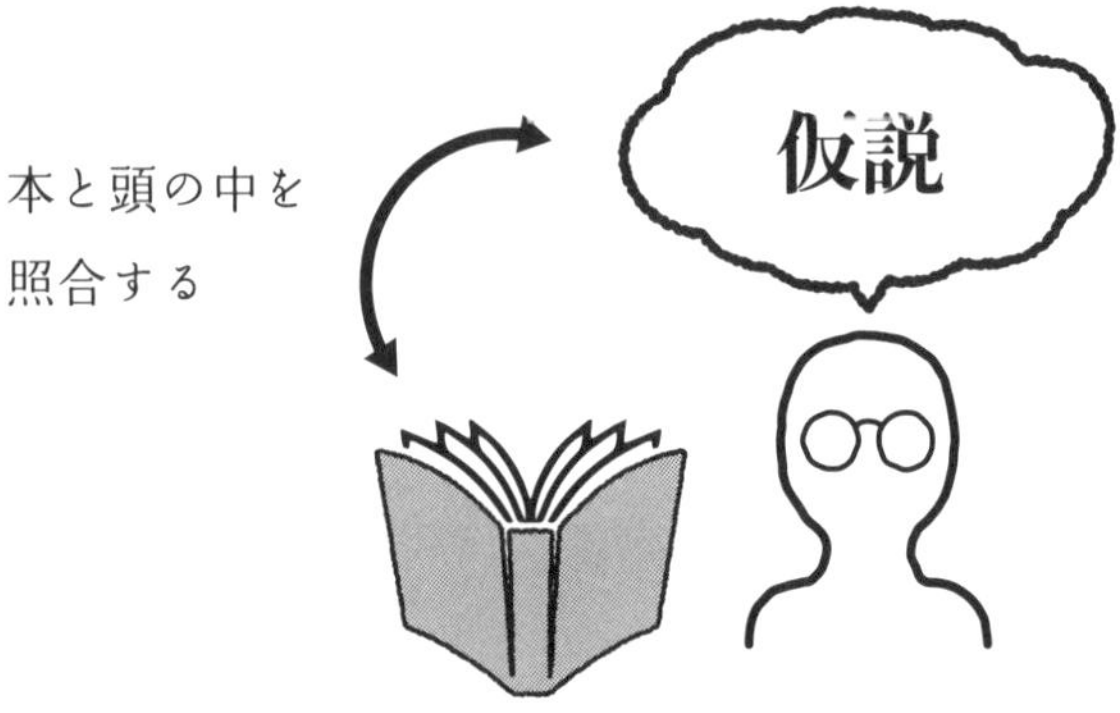

本の選び方

ここで探究型読書で読む本の選び方について、少し解説をします。

ある問題意識を持っているとしましょう。そして、その問題について考えたり、答えを探すためにすでに何冊かの本を選んでいるとします。その場合、「どのように」本を選びますか。タイトルや帯のコピー、まえがき、あとがき、本文の一部に目を通して、自分の問題意識に引っかかるキーワードなり、ロジックを見つけて読むことを決めるのではないでしょうか。その選び方でまったく問題はないのですが、**できれば、もう一冊、ご自身のテーマとは「ちょっと関係ないかな」と思える感じの、テーマとは少し距離がありそうな本もラインアップに加えてみることをおすすめします。**そのような「異色の本」はもしかしたら、テーマに関する予想外の気づきをもたらしてくれるかもしれません。こうした本との出合い方のコツは、後ほどご紹介いたします。

問題意識やテーマがない状態で、本屋や図書館の本棚に向き合うこともあるでしょう。本の並びを見て初めて、自分の中に問題意識や問い、関心、テーマが湧き上がってきた経験をお持ちの方も少なくないと思います。本棚に並べられた本の連なりは、それだけで私たちの好奇心を刺激します。「わたしにはとくに考えたいテーマなんてないよ」という人は、まずはちょっとだけ頑張って、本屋や図書館に足を向けてみてください。そして、本を手に取ってページをめくってみてください。そういう行動を繰り返しているうちに、もしかしたら、気になる言葉に出合うかもしれません。それが、あなたの人生に関係するテーマを象徴する言葉かもしれません。その言葉を手掛かりに、ちょっとだけ考えてみてください。自分はなぜ、この言葉に引っ掛かりを感じたんだろう。そのうえで、そのテーマらしきものに関わると思われる本を何冊か購入するなり、借りるなりしてみてください。

以上のような選書のコツに加えて、探究型読書と相性のいい本を紹介します。第三章で詳しく説明しますが、探究型読書は、本を開く前に、まず本のカバーや帯に書かれた情報をゆっくり観察します。そのため、本のカバーや帯に豊富な情報が載っている本が探究型読書には適しています。また、本の構造を素早く把握する上で、目次に載っている情報も大切です。質の高い目次のある本も探究型読書には向いています。

私たちがおすすめしているのは新書です。新書の多くは目次が「大見出し」「中見出し」「小見出し」のように階層化されています。カバーの表裏やソデ（カバーの折り返し部分）

には、著者の経歴や本の要約が記述されています。つまり、新書というのは、とても丁寧に情報設計されている形態の本なのです。**内容に関しては、ハウツーものよりも、学術的なアプローチを採用したものやノンフィクションが探究型読書には適しています。**探究型読書は著者と対話するように本を読み進めていくので、深い思索に基づいて丁寧に執筆された本ほど、読者である私たちの思考はより建設的な方向に進みますし、深まります。

◆　◆　◆

さきほどお話しした「異色の本」との出合いのコツも、ここでお伝えしたいと思います。

私たち編集工学研究所は、**世の中にある本を「世界知」「共同知」「個別知」という3つの知のレイヤーで捉えることがあります。**それぞれのレイヤーに対して、「話題の本」「古典」「異色の本」というように本のタイプをずらしながらラインアップを考えます。つまり、自分が追求したいテーマのレイヤーを設定し、そのテーマを探究するための参考書のタイプをパターン化してしまうということです。これにより、本を探す時の「型」ができます。闇雲に本棚を探索するよりも、効率的に本を選択することが可能となるわけです。

「世界知」：自然科学や資本主義など、人類の営みに関わるテーマの本
「共同知」：家族、組織、業界といった社会的なテーマを扱う本
「個別知」：個人的な事柄をテーマとする本

たとえば、「会社組織論」をテーマにして本を選ぼうと決めたら、この場合は知のレイヤーを「共同知」とし、そのテーマにピッタリくる「話題の本」を選びます。同時に「会社組織論」の古典と呼ばれる本も手に入れる。加えて、「会社組織論」とは直接関係はないが、「会社」あるいは「組織」にひっかかりそうな本を1冊加えます。それが「異色の本」です。それはもしかしたらラグビーのチーム編成に関する本かもしれないし、能の稽古論かもしれません。これで計3冊。余裕があれば、「会社組織論」や「組織」を「世界知」「個人知」のレイヤーで考えた場合の本をそれぞれ3冊選んでみてください。全部で9冊です。これらの9冊は、「会社組織論」を探究する方に、3つの「知」のレイヤーと3種類の視点を提供することになるでしょう。

これはとてもシンプルな選書のためのフレームワークですが、このような枠組みを活用することで、思いがけない本との出合いが演出されることがあります。

本の効用――なぜ、本なのか

なぜ、探究型読書によって思考が加速したり、深まったりするのでしょうか。この問いは「なぜ、思考訓練のツールとして本が重要なのか」とパラフレーズすることも可能です。

私たちは探究型読書における本の効用を以下の5つのポイントで整理しています。

❶思考のジャンプ台になる
❷視点を底上げする
❸〝わたし〟の隠れ蓑になる
❹共に進む乗り物になる
❺対話の媒介になる

それぞれを簡単に解説します。

思考のジャンプ台になる：私たちは何もない状態で何かを考えることが苦手です。せめて、思考の取っ掛かりがほしい。「映画における色彩の意味ってなんだと思う」といきなり聞かれると、ちょっと戸惑うと思います。映画という大きなくくりで考える前に、まずは特定の映画監督、たとえば、スタンリー・キューブリックのケースで考えてみたらいかがでしょうか。キューブリックは映画の中で色彩をどのように位置づけているか。まずは彼の監督作品がいくつか思い浮かび、それから、それぞれの作品の中の色彩に意識が向かうことと思います。つまり、キューブリックを踏み台に、映画における色彩の意味を考えることになるわけです。本でもアプローチの仕方は同様です。本は著者の問題意識が織り込まれたテキストで構成されています。そのテキストを読むことで人の「思考エンジン」は起動します。著者の思想の真似でもかまいません。始めること、あるいは、始まることが大切なのです。

視点を底上げする：独自にテーマを持って、意識的に世界を見ている時には、偉大な著者の思想が記述された本は、それまでに大切だと思っていた価値観に揺さぶりをかけてきます。そのような体験は、私たちの視野を広げたり、視点の高度を上昇させたりします。

〝わたし〟の隠れ蓑になる：探究型読書は基本的には、ひとりで実践できる読書法です。ただし、第四章でいくつかの事例を紹介しますが、何人かでチームを組んで行うと、個人で行っていた時とはかなり異なる「気づき」が得られます。「他の人に自身の考えを披露するのはちょっと勇気がいる」という方は少なくありませんが、本に書いてある内容を参考にして、そこに少しだけ自分の考えを盛り込んで話すことで、「わたし（自分）」を脇に置いておきながら話を続けられることに気づかれると思います。引用の効果と同じです。シビアなテーマで対話をしなければならない時、この「隠れ蓑」の効果はけっこう大きいです。

共に進む乗り物になる：自分の関心と同じような関心を持つ人が他にいて、たいていは、自分よりも豊富な知識を持っており、深い洞察力の持ち主でもある——本の著者は多くの場合、あなたに寄り添ってくれる偉大な先達です。彼らの思索の成果に触れることで、彼らからたくさんの勇気をもらうことになるでしょう。チームで読み合う場合は、お互いの関心や興味を、本を介して共有することができます。

対話の媒介になる：これも「〝わたし〟の隠れ蓑になる」同様、探究型読書をチームで実践する際の効用です。円滑でストレスフリーなコミュニケーションは何かを介して行われることが多いと思います。できるだけ迂回すること。素晴らしい小説はテーマを直接描きません。テーマを共有しつつも、その周辺で対話をこつこつ積み重ねていくことで質の高い議論が成立します。本はそんなハイ・クオリティな対話の醸成を支援します。

第三章

〈実践篇〉探究型読書の進め方

誰だってAからBは推理できる——子供でもね。
そして、たいていの大人なら、BからCを推理できる。
しかし、できない大人もたくさんいる。

——『時の娘』

（ジョセフィン・テイ　小泉喜美子訳　ハヤカワ・ミステリ文庫）

「探究型読書ノート」のご案内

第三章では、いよいよ探究型読書の実践に入ります。以下の「探究型読書ノート」をダウンロードして、実際に書き込みながら進めてみてください。思考をアウトプットすることで、考えが可視化され、思考が進み、記憶の定着にも有効です。この章の最後にも、章末付録として「探究型読書『書き込み』ノート」を掲載しています。あわせてご活用ください。

ACCESS
www.eel.co.jp/questlink/downloads/note.pdf

・探究型読書の流れ・

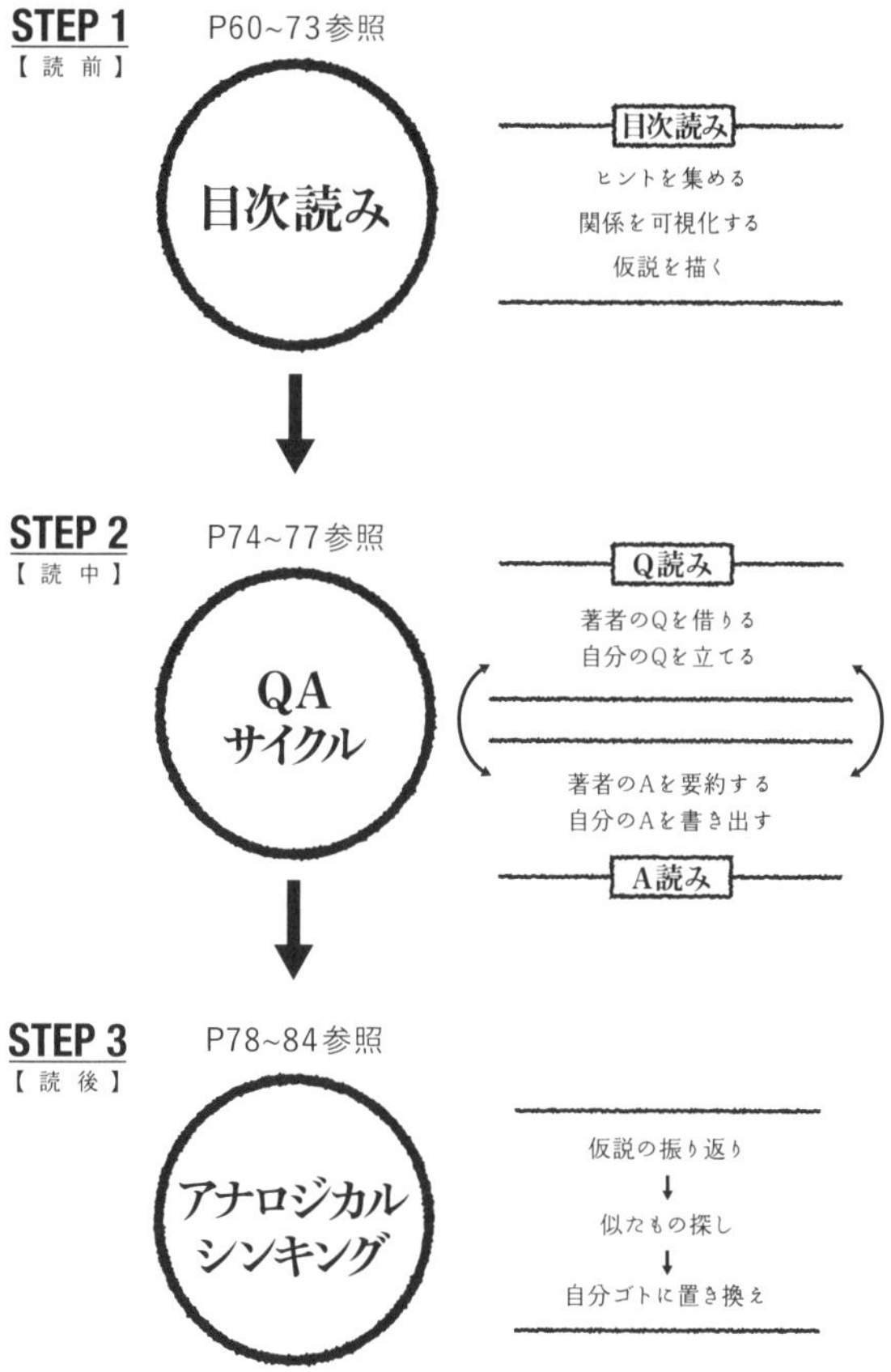
STEP 1
【読前】
P60~73参照
目次読み
目次読み
ヒントを集める
関係を可視化する
仮説を描く
STEP 2
【読中】
P74~77参照
QA
サイクル
Q読み
著者のQを借りる
自分のQを立てる
著者のAを要約する
自分のAを書き出す
A読み
STEP 3
【読後】
P78~84参照
アナロジカル
シンキング
仮説の振り返り
似たもの探し
自分ゴトに置き換え

「探究型読書ノート」より抜粋

STEP 1：P60~73参照

Step 1 目次読み

A：ヒントを集める

キーワードとホットワードをどんどん書き出す。

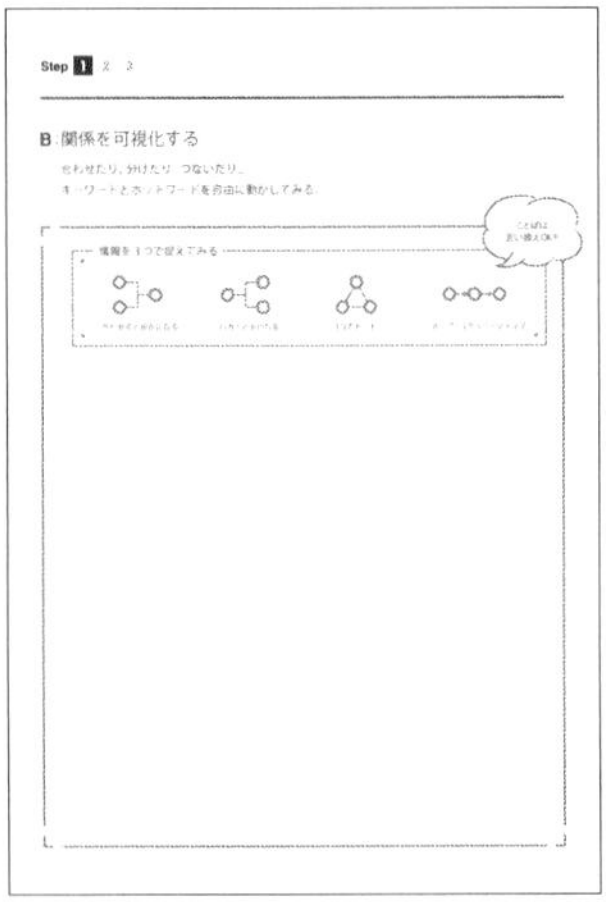

Step 1 2 3

B：関係を可視化する

合わせたり、分けたり、つないだり。

キーワードとホットワードを自由に動かしてみる。

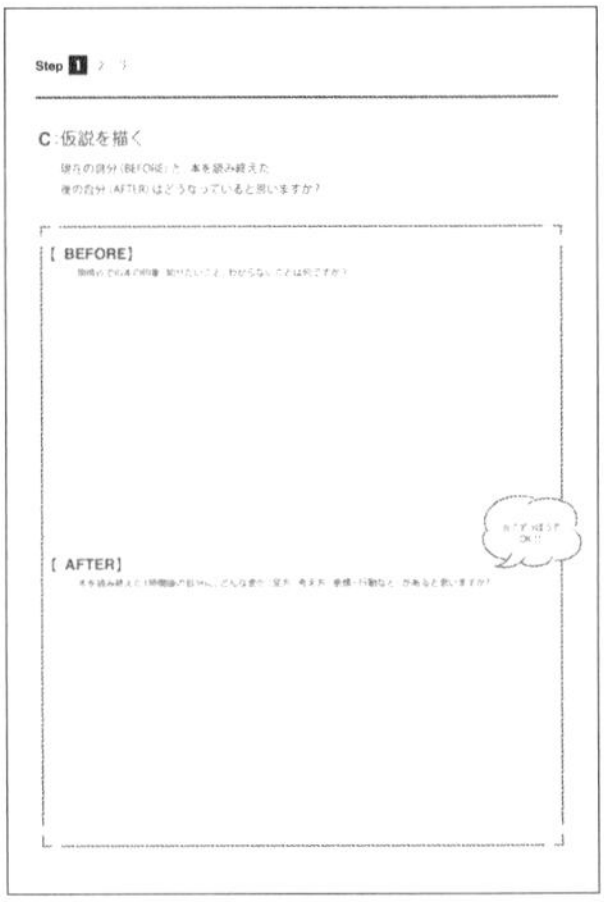

Step 1 2 3

C：仮説を描く

現在の自分（BEFORE）と、本を読み終えた

後の自分（AFTER）はどうなっていると思いますか？

【 BEFORE】

【 AFTER】

STEP 2：P74~77参照

STEP 3：P78~84参照

STEP 1 読前——目次読み

それでは、いよいよ探究型読書の実践に入っていきましょう。第二章で説明した通り、探究型読書は「読前」「読中」「読後」という3つのステップを踏みながら進んでいきます。この章では「読前」ステップの手順を解説します。

私たちはこの「読前」ステップ（「目次読み」）を他のステップ以上に重視しています。このステップは、これから始まる探究型読書の方向性を決める重要な役割を担っているからです。シャーロック・ホームズがわずかな証拠をもとに事件の全体像や関係者の人物像を推理するように、「読前」ステップを丁寧に踏むことで私たちは読書という「捜査」の輪郭を少しずつ形作っていきます。

「読前」ステップにおいて読者は、本のページをほとんどめくることはせず、カバーや帯、目次といった、いわゆる本の周辺情報を材料にして、読もうとする本のアウトラインを仮説ベースで組み立てていきます。これらの一連の作業を私たちは便宜上「目次読み」と名づけています。「目次読み」は大きく3つの要素で構成されています。

1-1：ヒントを集める

カバーや帯から読み取る

本を手元に置いたら、いきなり本を開かず、カバーを慎重に観察していきましょう。カバーにはタイトル、サブタイトル、著者名があります。本によってはイラストが描いてあります。カバーを外すと、本の表紙（あるいは裏表紙）にも何かが記述されているはずです。カバーの裏には著者の履歴が書いてあるかもしれません。新書の場合はたいていカバーのソデと呼ばれるところに簡単な内容紹介が記されています。帯には担当編集者による一押しコピーが打ち出されているでしょう。カバー、表紙、裏表紙、背表紙、ソデ、帯に一通り目を通したら、一度、目を閉じて、それらを一つひとつ思い出してみてください。これは第二章で説明した「伏せて開ける」の「伏せて」の操作です。

どうでしょう、思い出せましたか。おそらく、頭の中で展開された本のカバーのイメージは、ところどころで必要な要素が抜け落ちた「穴だらけ」の状態だったと思います。あるいは、明確なイメージを結ばないぼんやりしたものだったかもしれません。探究型読書は、このような「穴のあいた」イメージの状態、ぼんやりとした感じから読書を始めます。この曖昧な状態が探究型読書を進める上ではとても大切なのです。

では、「伏せて開ける」の「開ける」に移行してみましょう。本を見てみてください。「ああ、そうだ。確かにこういう風に書かれていた」と気づかされた場所（ソデ？ 帯？）があったのではないでしょうか。

次に、「著者の思考モデルを借り」て、著者の狙いや、本を執筆した動機を推理しましょう。著者の狙いや動機と見られるテキストはたいてい、本のカバーや帯のどこかに記述されています。それらしいテキストが見当たらなかった場合は、本を開いて、「はじめに」（「まえがき」「序章」）とか「おわりに」（「あとがき」）と題された短い文章に軽く目を通してみてください。なぜ、この1冊が存在するのか、著者はなぜ、この本を書こうと思ったのか（編集者はなぜ、この本を企画したのか）。本文を読み込んだり、完璧に理解しようとする必要はありません。宝探しをするつもりでざっと拾い読みをしてください。内容の理解が正しいことに越したことはありませんが、著者や編集者の意図の正確性にはあえて目を瞑《つむ》って、自分なりに自由に予想してみてください。

この作業を行うことで、著者の存在感をこれまで以上に感じることができたはずです。つまり、著者との間になんらかの「関係」が築けたと言えます。松岡正剛は「読書とは交際である」と言っています。最初の出合いにひと手間の演出を加えることで、1冊の本との交際はぐっと深まります。

目次から読み取る

では、目次に目を通していきましょう。カバーや帯を観察した時と同じ要領で、「伏せて開ける」を実践していきます。最初は目次全体の流れを確認します。目次にはたいてい、大見出しがあり、中見出し、小見出しと続きます。まずは大見出しだけに注意し、本全体の流れを考えてみます。頭の中に「柱」を立てていくようなイメージです。その「柱」の間を埋めるように中見出し、小見出しを見ていき、目次全体の構造を精緻化していきます。数分間の作業です。

目次を確認し終えたら、ここでもいったん目を閉じて、目次の構造を思い出してみましょう。目を閉じるのは30秒程度。目を開けて、実際の目次を確認します。

目次を観察して、本の構造をいったん自分の中に取り入れてしまえば、この後の「読中」ステップはとてもスムーズに進みます。「読前」段階で、自分が読むべき箇所をある程度は把握できているからです。ちょっと大胆なことを言えば、この状態でも、本の内容をそれなりにつかんでいると言えます。

◆　◆　◆

さて、目次まで読み終えました。この後、本文を読み始めてもいいのですが、ここで次の手順に進むための大切なひと手間を加えます。これまで読んできた内容をアウトプットしてみましょう。とは言っても、作文をする必要はありません。本の内容を代表すると思われることを単語で表現してほしいのです。単語は3種類に分けてください。それぞれ**「キーワード」「ホットワード」「ニューワード」**とラベリングします。

「キーワード」は、まさに本の内容を代表する言葉です。要約をする場合には必ず入れなければならない言葉のことです。

「ホットワード」は、「キーワード」を別の言葉で言い換えている言葉、「キーワード」と隣接関係にありそうな言葉、あるいは「キーワード」を補足的に説明しているような言葉です。今、手にとっている本には存在しそうにもないけれど、「キーワード」との関連が連想できる言葉も「ホットワード」です。たとえば、ある本の「キーワード」のひとつを「デザイン」とした場合、「ホットワード」としては、「色彩」「素材」「対象」「関係性」「様式」などが、その本から抜き出せるかもしれません。正誤は問いません。

そして、本から抜き出した「キーワード」

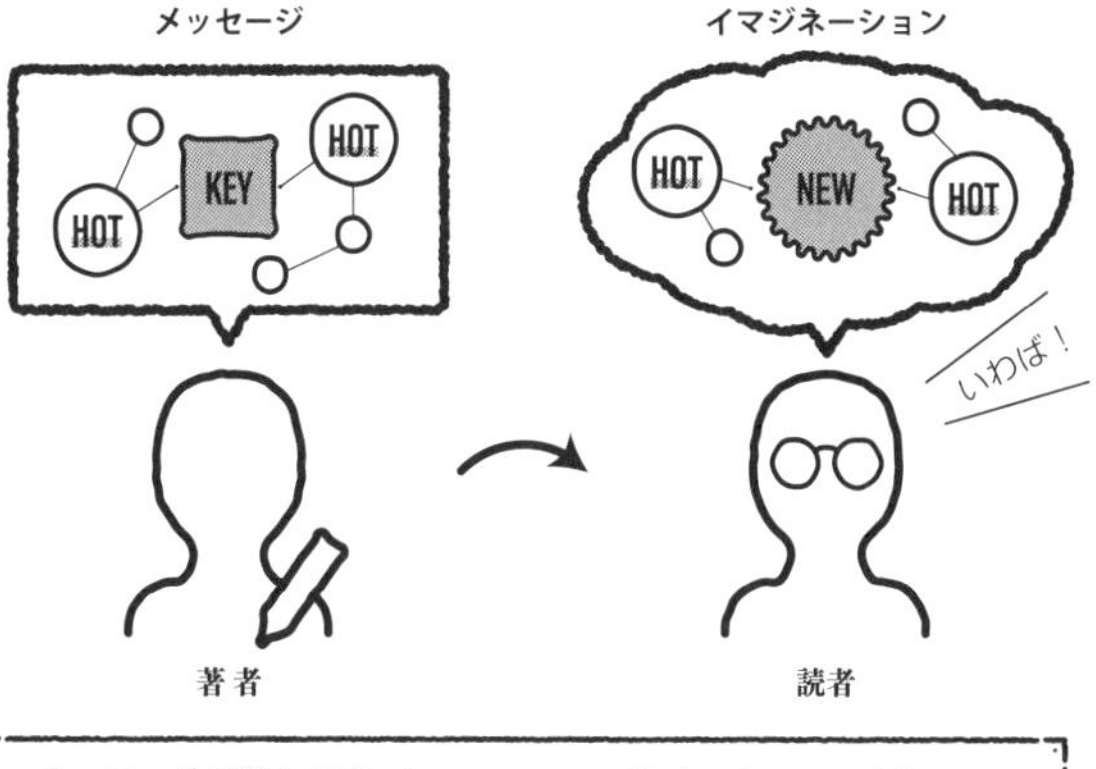

キーワード [KEY]：情報に入っていくための鍵（キー）となる言葉
ホットワード [HOT]：「キーワード」の言い換え・補足、自分の連想
ニューワード [NEW]：読み手の解釈から生じる新たな言葉・概念

といくつかの「ホットワード」をもとに「キーワード」の本質を自分なりに解釈してみてください。どんな言葉になるでしょうか。たとえば「デザイン」という「キーワード」と「色彩」「素材」「対象」「関係性」「様式」などの「ホットワード」から、私たちは「秩序（order）」という「ニューワード」を導き出してみました。「デザイン」とは、「色彩」「素材」「対象」「関係性」「様式」……といった側面ごとに論理的な整合性、秩序を与えることなのではないか、という解釈です。

なお、「キーワード」「ホットワード」「ニューワード」を書き出す際の形式は問いません。図解してもいいですし、マインドマップのような表現でもかまいません。正確さは不要なので、本の内容の大枠を捉えるイメージでやってみましょう。

1-2：関係を可視化する

「情報」の関係を可視化する4つのパターン

カバーや帯、目次から本のアウトラインを捉えるためのヒントを収集してきましたが、次に、「キーワード」「ホットワード」「ニューワード」の関係性をあらためて可視化してみてください。関係を構成する要素数（単語数）は3つです。

編集工学では、情報編集の基本として、要素を3つに分けて整理することを推奨しています。守破離、序破急、松竹梅、ホップ・ステップ・ジャンプに三段論法。3は物事の整理に役立つ数字です。

編集工学には「5つの編集思考素」と呼ばれる「情報」の編集パターンがあります。探究型読書ではこのうちの4つのパターンを使って、「読前」ステップの情報編集を行います。さきほど書き出してもらった「キーワー

情報を3つで捉える

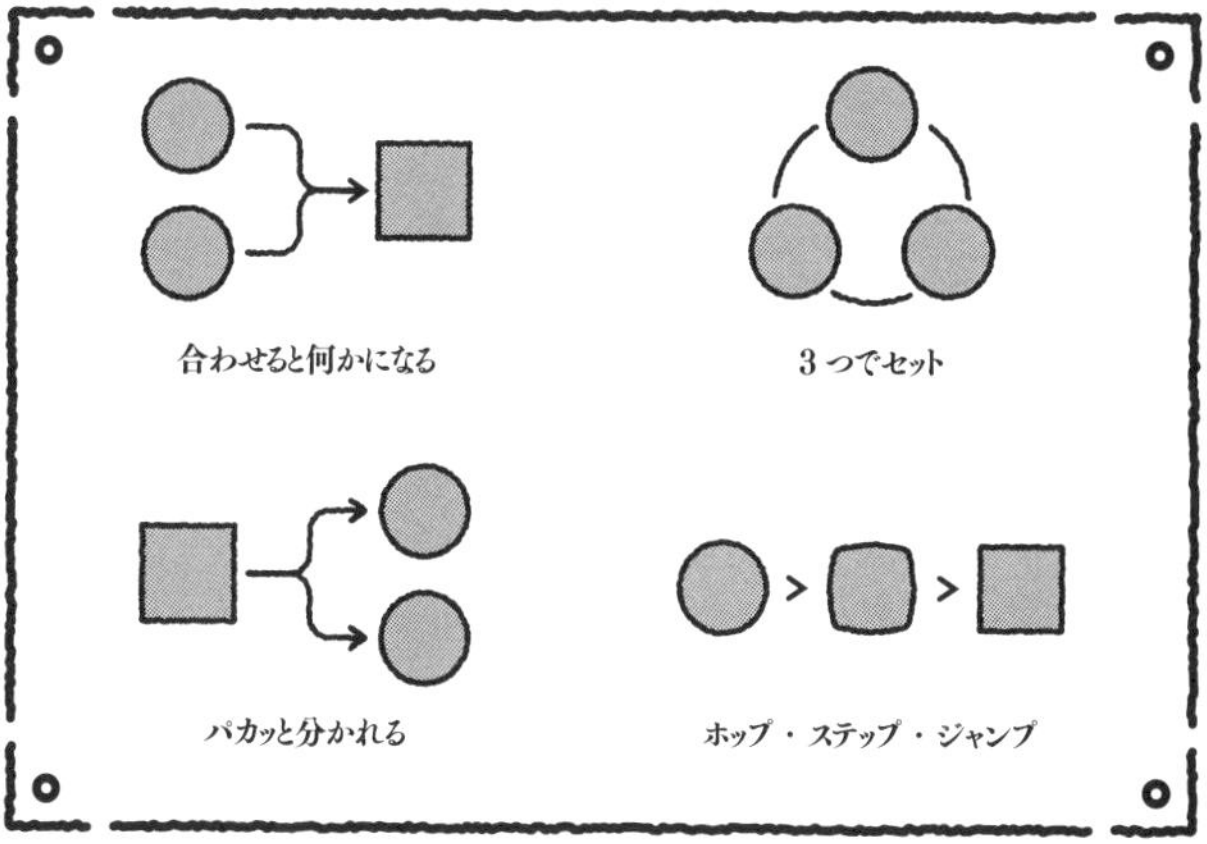

ド」「ホットワード」「ニューワード」を、これら4つの編集パターンを活用して、それぞれの関係性を定義し、本の輪郭を探る手掛かりにします。一つひとつ説明していきましょう。

◆　◆　◆

一種合成型：2つの情報が合成され、まったく新しい情報が生まれるパターンを私たちは「一種合成型」と呼んでいます。スティーブン・スピルバーグ監督は「サメ」と「パニック」を組み合わせて、『ジョーズ』という見事なサスペンス映画を創造しました。

二点分岐型：「一種合成型」と似て非なるパターンが「二点分岐型」です。これは1つの情報が

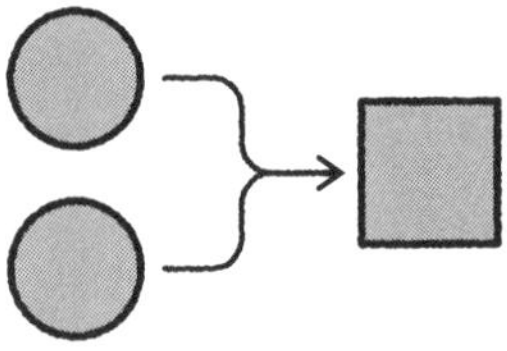
合わせると何かになる
【一種合成型】

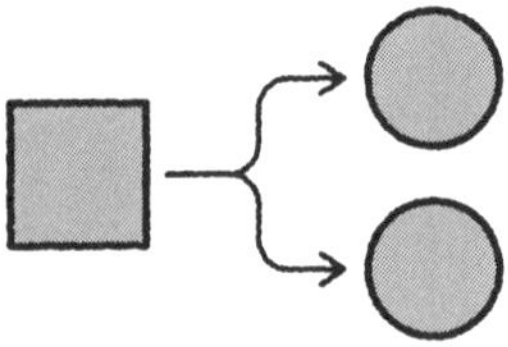
パカッと分かれる
【二点分岐型】

2つの要素に分解されることを意味します。「一種合成型」がイノベーションを生み出すのに対し、「二点分岐型」は構成要素の分析を行うパターンです。『ジョーズ』は「陸」と「海」の2つのドラマで構成されています。

三位一体型：3つの情報をセットにして「情報」を編集するパターンが「三位一体型」です。ある物事や事件、現象を表現する上で欠かせない要素を3つに集約します。『ジョーズ』の映画としての素晴らしさは、スピルバーグ監督の「演出」、ジョン・ウィリアムズの「音楽」、ロイ・シャイダー、ロバート・ショウ、リチャード・ドレイファスらの「演技」を抜きにしては語れません。

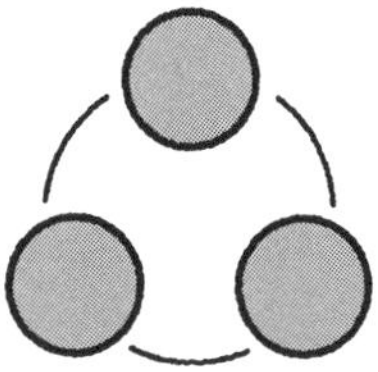

3つでセット

【三位一体型】

三間連結型：そして、ホップ・ステップ・ジャンプ型の発想が「三間連結型」です。『ジョーズ』は、主人公であるマーティン・ブロディ署長（ロイ・シャイダー）の「葛藤」→「挑戦」→「克服」の軌跡を描いた作品でもあります。

◆◆◆

この４つの編集パターンを活用して、カバーや目次から抜き出した「キーワード」「ホットワード」「ニューワード」を自分なりに編集し直してみると、単に本の内容をキーワードベースで要約するだけではなく、本とは少し（あるいはかなり）離れた領域にまで思考が広がっていくことに気づかれるでしょう。

ホップ・ステップ・ジャンプ

【三間連結型】

もし、なかなか手が動かないという人は、4つのパターンのうち、最初にどのパターンを使うかを決めてしまって、そのパターンの中に「キーワード」「ホットワード」「ニューワード」を仮置きしてみてください。わりとすんなり、それぞれの「情報」の関係性を探し出すことができると思います。「一種合成型」の場合は、単語の仮置きを繰り返すことで、新しいコンセプトを発見することができるかもしれません。

1-3：仮説を描く

読む前に読後感を予想する

「読前」ステップで行う「目次読み」の最後の作業は「仮説を描く」です。本を読む前に、今まさに自分が読もうとしている本の内容をできるだけ詳しく想像するということです。

「読前」ステップを通じて私たちは、本の内容が推測できそうな「ヒントを集め」、それらのヒント同士の「関係性を可視化」してきました。その材料を使って、本を読む前に内容を要約してしまいましょう、ということなのです。

なぜ、この作業が必要なのでしょうか。それは、「読前」の段階で本の要約を仮説ベースで書く、ということは、本の内容に大きく影響されずに、問題意識を顕在化することにつながるからです。つまり、この作業を行うことで、著者の思考モデルとあなたの思考モデルが影響し合い、その結果、新しい思考モデルが生まれる可能性が高まるからです。

◆　◆　◆

さて、ここで書いていただきたい「仮説」は2種類あります。

ひとつは、**「本を読む前に考える要約」の仮説**、もうひとつは、**「『本を読んだ後』で書くであろう要約」の仮説**です。

前者は分かりやすいですが、後者はちょっとややこしいですね。これはどういうことかというと、**本を読み終わった時点（未来のどこかの時点）に身を置いていると仮定して、現段**

階ではまだ実際に中身を読んでいない本の要約を書いてみてください、ということです。

仮想（未来）の中に別の仮想（読んでいない本の要約執筆）を入れ子状態に設定しています。この問いに答えようとする過程で、現時点でぼんやりと想像していた本の内容に、もう一段階踏み込んで、そのリアルな姿を模索しようとするはずです。それによって、想像するモノやコトの精緻度は上がらざるを得ません。できるだけリアルに想像してください。

さて、「現時点で予想する本の内容」と、「未来のある時点で読了した（と想定する）本の内容と、読んでいない現時点で予想した内容」には、どのようなギャップがあったでしょうか。実は、そのギャップこそ、あなたが独自に持っている問題意識の表れです。それを顕在化させ、テキストやイメージ図などに定着させることが「読前」ステップの目的であり、探究型読書の狙いのひとつでもあります。

STEP 2 読中——QAサイクルを回す

「Q読み」「A読み」の相互反復

探究型読書と相性のいい本は新書だと第二章で記しました。新書の著者には研究者や批評家が多く、彼らは自身の研究テーマを、専門的な知見を持たない、いわゆる「一般の読者」にできるだけ分かりやすく説明することを執筆の目的としています。そのような本は、複数の小さな「問い」と「答え」の往還によって、より大きな「問い」の「答え」を導くという基本構造を採用しているように思えます。

探究型読書の「読中」ステップは、まず、読むべき対象となる本に埋め込まれたさまざまな「問い（Question）」と「答え（Answer）」をスキャンすることから始めます。注意すべき点としては、ほとんどの本では、「問い」が明確な形で表現されていないケースが多いということです。また、「問い」のすぐ後に「答え」が置かれていないこともよくあります。

著者はどんな表現で「問い」を示そうとしているのか、どのように「答え」を記述しているのか……。**本の中からQuestionとAnswerを探す作業**を私たちはそれぞれ「Q読み」「A読み」と呼び、これらの相互反復を行うことで、内容の大枠をつかもうとします。このことを私たちは「QAサイクルを回す」と言っています。Q／Aを探すヒントとなるのが、読前ステップで行った「目次読み」です。

著者のQ／Aを探す場合、できるだけメモを取りながら行うことをおすすめします。本の該当箇所にマーキングするのもよいです。手を動かしながら本をスキャンすることで、自分なりの本の構造（それは必ずしも著者が意図した本の構造ではないかもしれません）ができあがっていきます。メモを読み返すことで、再読の効率を高められるという効用もあります。

なお、「読前」ステップで行った濃密な準備作業のおかげで、本の中の「自分が気になる箇所」に目星がついていることと思います。文中にキーワードがあれば、目に飛び込んでくるはずです。キーワードを見つけたら、その前後を意識してしっかり読みましょう。そして、それ以外の文章は軽く読み流していきます。このように緩急をつけて読めば、ポイントを押さえつつ、本全体に素早く目を通すことができます。

◆　◆　◆

「読中」ステップでは、著者のQ／Aだけではなく、ご自身のQ／Aもメモしておきましょう。著者の視点や疑問、意見などを拾い読みしながら、「ここは分かった」「ここは疑問に思っている」といった自分の意見や問いを書き残しておくのです。著者のQに対応するAを見つけたら、それらに対して自分のQとAを連鎖的につなげていきます。こういう操作を何回も繰り返すことで、自分なりの文脈の原型が少しずつ形作られていくでしょう。

ともかく、高速にインプットとアウトプットを繰り返すことが、「読中」ステップにおけるQAサイクルの重要な点です。「読中」ステップの所要時間の目安は20~30分です。たったこれだけの時間で一冊の本を読もうとするわけですから、本の内容をあらかじめ予測する「読前」ステップでの準備作業が大切な意味を持ってくることを理解いただけると思います。

この読み方に慣れると本を読むスピードが格段に上がりますが、それは相対的に読むスピードが向上したということではなく、「本を読む」という行為の意味が変化したということを示しています。本の内容を理解することだけに注力するのではなく、著者と自分のQ／Aを抜き出しながら、自分の問題意識を起点とした思索を起動させること。それが探究型読書の「読中」ステップです。

STEP 3 読後――アナロジカル・シンキング

本を読み終えた後、その本をどうしていますか。おそらく、多くの方は本棚にしまうか、売ってしまうか――いずれにしても読んだ本をすぐに読み直す人はそんなに多くはないのではないでしょうか。

探究型読書には「読後」というステップがあります。読んだ後であらためて本と向き合う時間のことです。なぜ、「読後」のステップが必要かと言うと、探究型読書には、本を触媒にして思考プロセスを変容させることにその狙いがあるからです。

通常の意味での読書で最も重きを置かれる、いわゆる「本文を読む」という行為（「読中」ステップ）は、探究型読書においては、「読前」「読後」ステップに付随する役割に過ぎません。「読前」「読後」ステップにおいて顕在化され、可視化される問題意識とその思考過程こそ、探究型読書がそのプロセスにおいて探し求めるものなのです。

では、いよいよ探究型読書の最後のステップである「読後」に進みましょう。「読後」に行うのは、「読中」ステップを経た上での、「読前」ステップで予測した内容要約（仮説）の振り返りです。つまり、「読前」と「読後」で、読者であるあなたの（本に対する）認識がどのように変化したかをご自身で確認していただきます。このステップは、3つの手順を踏みます。それぞれ「仮説を振り返る」「似たものを探す」「自分ゴトに置き換える」とラベルをつけています。

3－1：仮説を振り返る

先ほどの「読前」ステップで、要約という形で本の内容に関する仮説を2種類、作ってもらいました。

❶「本を読む前に考えた要約」の仮説
❷「『本を読んだ後』で書くであろう要約」の仮説

この2つの仮説を振り返ってみましょう。

まずは「**本を読む前に考えた要約」の仮説**です。「読中」ステップを踏んだ後の本の内容と「本を読む前に考えた本の内容」にはどんなギャップがありましたか。ここは想像力を存分に使う時です。読む前と読んだ後で生じたギャップについて、どんな些細なものでもけっこうですので、メモを取ってみてください。

続いての作業にはさらに想像力が必要です。**「『本を読んだ後』で書くであろう要約の仮説」と「実際に本を斜め読みした後で感じた内容」にはどのような差異がありましたか。**過去のある時点で「近未来の自分が考えるであろう」と予測した内容と、今、その「未来」に到達した実際の読書経験に基づいた実感を比べてみるということです。

この2つの振り返りを行うことで、過去のあなたが書いた仮説がどのような問題意識を反映して構築されたかが、「読前」時よりも明瞭に把握できたのではないでしょうか。

3-2：似たものを探す

この段階に至って、あなたは、手にしている本の内容を要約しただけではなく、自身のユニークな意見や問題意識を加味した、探究すべき新しいテーマを手にすることができたのではないでしょうか。

ここからは少し本を離れ、ちょっと〝遠く〟まで行ってみましょう。今、あなたの頭の中では、手にしている本についてのさまざまなイメージが渦巻いている状態だと思います。その状態のまま、「この本に書いてあることは、実は『あれ』に似ているかもしれない」という風に、本の内容を契機にして浮かび上がってきたアナロジカルな連想の対象（本、ニュース、人物、事件、物、事、思想、映画、街、会話、現象、研究成果……）を書き出してみてください。この作業を経験することで、たとえば、友人に本の内容を伝える際、自分なりの見方も一緒に伝えることができるようになるでしょう。

3-3：自分ゴトに置き換える

さあ、いよいよ「読後」ステップの最後の手続きであり、探究型読書としても最後のアクションです。

ここまでの「読後」ステップでは、本の内容に関する仮説を検証して自分なりの問題意識を可視化し、関連する世界、隣接する分野への関心領域の拡大を行いました。最後はこれらのアクションで得られたすべての「情報」を「自分ゴト」のレベルにまで落とし込んでみましょう。本から得た情報、ものの見方、本を読む過程で発見した疑問や意見、事実――。これらをこれから自分の人生でどのように生かせるかを考えてみてください。仕事に直接生かせるかもしれないし、今、書いている論文の執筆に役立つかもしれません。あるいは、すぐに何かにつながりそうになくても、心に留めておきたい気づきやメッセージもあるでしょう。読みっぱなしにせずに「読後」のひと手間をかけることで、その1冊との出合いはさらに価値のあるものになるはずです。

◆　◆　◆

以上で、探究型読書の「読前」「読中」「読後」全ステップの解説を終わります。いかがでしたでしょうか。探究型読書の方法を活用して本を読む場合、使う時間は1冊につき、長くて3時間くらいです。人によっては30分以内で1冊の本を「読んで」しまうこともあります。1冊の本を最初から最後まで読もうと思ったら、数週間～数カ月かかるものです。優れた書物は無数に存在するのに、私たちが「読む」ことができる冊数には限りがあります。編集工学研究所は、この「読む」という行為の意味を捉え直し、同時にたくさんの書物に出合いながら、「読み」の恩恵を受けられる方法を編集工学の技法をもとに開発しました。それが、この探究型読書です。今後、本を読まれる時には、ぜひ、「読前」ステップの「目次読み」をやってみてください。そして、本の中身にざっと目を通した後は、「読後」のアナロジカル・シンキングを駆使して、関心領域を広げていただければと思います。

第四章では、探究型読書の具体的な応用事例をいくつか紹介したいと思います。

〈章末付録〉

探究型読書「書き込み」ノート

探究型読書を実践していただくために、
「書き込み」ノートを付けておきました。
ぜひご活用ください。

探究型読書をはじめる前に
以下の用件を書き記す

探究型読書ノート

書　名

著　者

出版社

著者の狙い・動機

※ヒントは表紙まわり・まえがき・あとがきにある

P60

【読前】

Step 1 目次読み

A:ヒントを集める

キーワードとホットワードをどんどん書き出す。

└大事な言葉　└キーワードを言い換えている言葉
キーワードから連想する言葉

本をガバッと
捉える

P71

Step 1 2 3

C:仮説を描く

現在の自分（BEFORE）と、本を読み終えた
後の自分（AFTER）はどうなっていると思いますか？

【 BEFORE】

── 現時点での本の印象、知りたいこと、わからないことは何ですか？

当てずっぽうで
OK !!

【 AFTER】

── 本を読み終えた1時間後の自分に、どんな変化（見方・考え方・感情・行動など）があると思いますか？

P66

Step **1** 2 3

B:関係を可視化する

合わせたり、分けたり、つないだり…
キーワードとホットワードを自由に動かしてみる。

ことばは
言い換えOK!!

情報を3つで捉えてみる

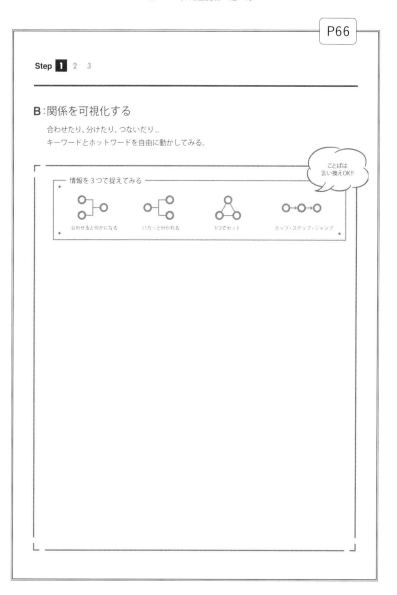

P74

Step 1 2 3

自分のQを立てる
［疑問］

自分のAを書き出す
［発見］

P74

Step 2 【読中】 Q・Aサイクル

著者のQを借りてくる
［視点・問い］

著者のAを要約する
［言いたいこと］

P78

【読後】

Step 3 アナロジカル・シンキング

1：仮説の振り返り

読前の仮説と比較して、当たったこと、
違いやズレなどを書いてみましょう。

2：似たもの探し

他の本に書いてあったこと、歌の一説、ニュース、
知人との会話、映画やドラマのセリフ…どこからでも！

・
・
・
・
・
・

遠慮せず
自分と重ねる

3：自分ゴトに置き換え!

様々な課題、仕事、人生…
本からの学びを自分ゴトに置き換えてみる。

・
・
・
・
・
・

第四章

〈応用篇〉探究型読書の応用展開

よいか、なしうる最大のことは、もっとよく見つめることだ

——『薔薇の名前（上）』

（ウンベルト・エーコ　河島英昭訳　東京創元社）

探究型読書はすでに学校や企業の現場で活用されています。

学校や企業で探究型読書が導入される場合、そのほとんどで複数人がチームを組み、チームメンバーそれぞれが読書を通じて発見した問題や意見を話し合う場が設定されます。第二章、第三章で説明してきたように、探究型読書は基本的にはひとりで行えるように設計されています。ただ、実は、複数人で行うことで探究型読書はその本領を発揮します。その本領とは「編集思考の習熟」です。ひとりで黙々と行う探究型読書はどちらかと言うとユニークな「読書法」としての性質が勝ります。編集思考の訓練メソッドとしての理想を完成させるためには、実際には、他者との共同作業という要素がとても大切になるのです。そのため、編集工学研究所では、学校向けと企業向けという2ラインで探究型読書の応用バージョンを研究・開発しています。

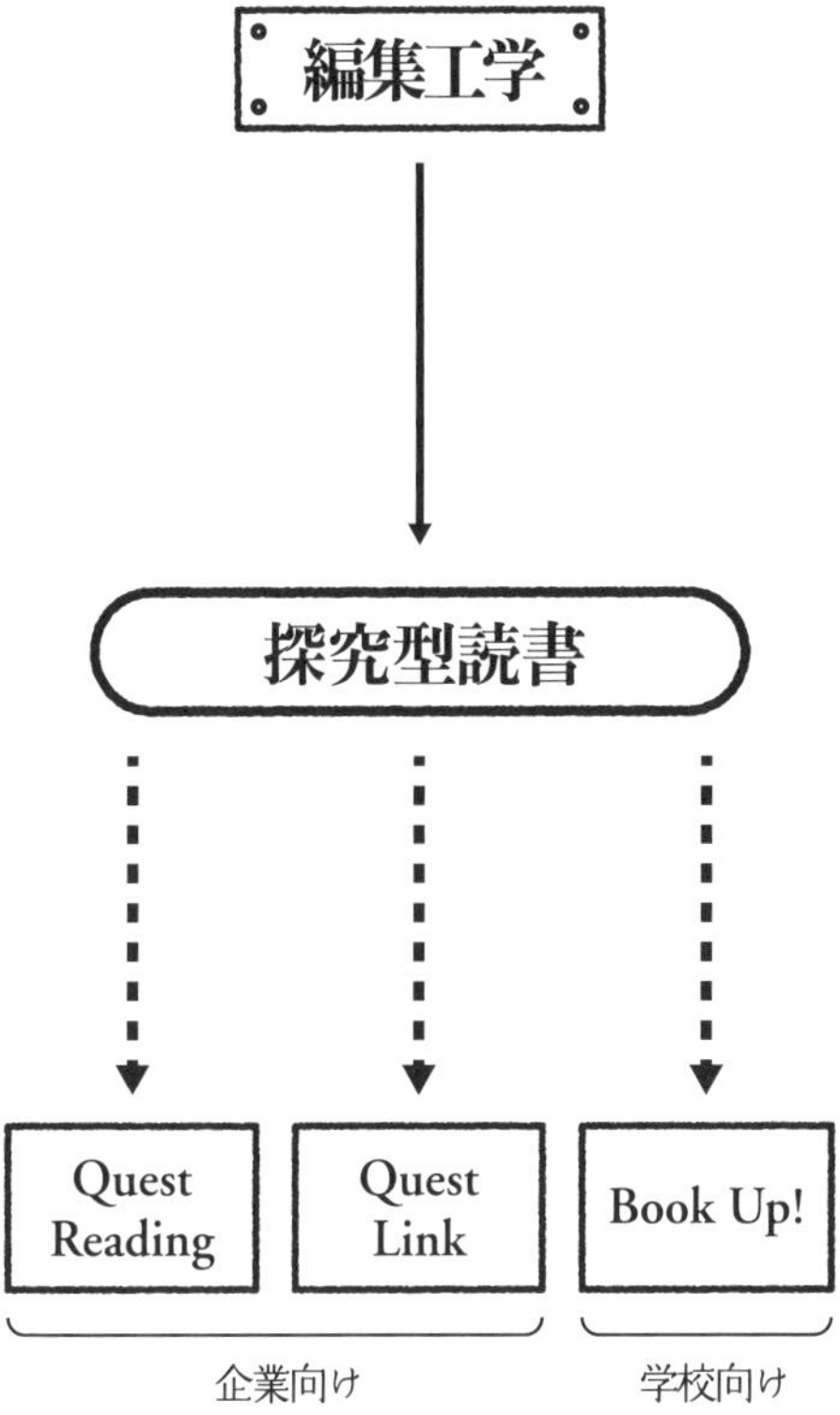

探究型読書を企業や学校で応用展開するための3つのプログラムを開発・提供しています。

探究型読書の学校向けプログラム

探究型読書プログラム「Book Up!」

編集工学研究所は探究型読書をベースに、複数回の授業を通して行う探究型読書プログラム「Book Up!」を開発、いくつかの中学校、高等学校に提供しています。大きな特長はクリエイティブ・ライティングの実践を組み込み、理論の伝達だけでは得られないスキルの習熟を促せるようにしたこと。この「Book Up!」を通じて生徒たちは新しい本の読み方を知るだけではなく、本の内容に触発された自身のクリエイティビティを練磨することが可能となります。

「Book Up!」の初期のバージョンは、生徒たちが読む本を「科学道100冊」から選びました。「科学道100冊」は編集工学研究所と理化学研究所（理研）が共同で展開するプロジェクトで、科学者の生き方や考え方に加え、科学の面白さ、素晴らしさを毎年100冊の本で表現しています。私たちがご相談を受けたある学校から『科学道100冊』を使って、『探究学習』をしたい」というご要望があったことが「Book Up!」開発のきっかけとなりました。

２０１７年に発表した「科学道１００冊」は、科学者の思考プロセスを６つのステップ（下記）として取り出し、それらを手掛かりに１００冊の科学に関する本を分類する試みとしてスタートしました。

Step 1　はじまりは疑問
Step 2　果てしない収集
Step 3　導かれたルール
Step 4　めくるめく失敗
Step 5　まるで魔法
Step 6　未来のはじまり

科学者の思考は何かしらの疑問や好奇心から始まります。関連する情報を収集する中で、これまでは見えていなかった現象や仮説が炙り出されてきます。思考を先に進めるための試行錯誤を繰り返し、やがて魔法のように視界が開ける瞬間がやってきます。そのように導かれた新しい観点が未来を作り、また次の思索の始まりにつながっていくのです。「科学を考える」だけでなく「科学者のように考える」ことを通して、未来を作り出すためのものの見方を提案するプロジェクト、それが「科学道100冊」です。

「Book Up!」は、この「科学道100冊」が体現するサイエンティフィック・シンキングのモデルに倣って組み立てられました。以下のような流れでプログラムを展開します。

❶「はじめのQ読み」――偶然出合った1冊の本の表紙や目次を読み、本のキーワードやキーワードから連想したホットワードを抜き出しながら、自分の疑問や好奇心を立ち上げる［Step1. はじまりは疑問］

❷「もひとつQ読み」――❶で起動した好奇心を使って、図書館にある本（あるいは「科学道100冊」）から興味のある1冊を選び、❶と同じようにQ読みをする［Step2. 果てしない収集］

❸「要約読み」――本から取り出した情報を使って内容を要約しながら、自分の奥にある興味を炙り出していき、言葉にして、本の帯を作成する［Step3. 導かれたルール］

❹「プレ三冊棚」――ここまで読んできた本と関連がありそうな本を2冊加え、3冊のパッケージ（三冊棚）を作ってみる。ぴったりくる組合せができるまで試行錯誤を重ねる［Step4. めくるめく失敗］

❺「三冊棚」――❹のプレ三冊棚をベースに、随時本を入れ替えながら、自分の関心テーマ（コンセプト）を表現できる状態に調整していく［Step5. まるで魔法］

❻「エア新書」――❺で作った三冊棚のコンセプトをもとに、新たに空想の新書企画（目次を含む）を立案する［Step6. 未来のはじまり］

「三冊棚」を作る際、生徒たちは直感で手に取った1冊から始めて、そのほかの2冊は、図書室の蔵書から選びます。最初の1冊と関連のある本を選ぶ時は、第一章などで説明したアナロジーを駆使してもらいます。

「Book Up!」の面白さは、最後に想像上の新書企画を立ち上げることです。自分が新書を企画するとしたら、どんなテーマで、どんな目次で、どんなことを書きたいかを考えてもらうわけです。授業の終わりには、グループ内で発表する時間を設けています。このプログラムは基本的には1学期間、合計7回で終わります。

「主体的に考えたいテーマは何ですか」と聞かれると、大人でもすぐに答えるのは難しいものです。しかし、たまたま出合った本の目次を読み、キーワードを選び取って、それらを他の本とつなげてみれば、結果的に、自分がいったいどんなことに関心を持っていたのかがなんとなく自覚できます。学校には他の生徒もいますので、他の生徒はどんな視点を持っているのか、自分と似ているのか、違っているのかについても対話を繰り返すことが可能です。

探究型読書の企業向けプログラム

Quest Reading / Quest Link

探究型読書の企業向け応用版の狙いは、学校向けとはやや異なります。私たちは、一人ひとりのビジネスパーソンがまずは個人レベルで自律的に課題を発見、解決していく意識の醸成とスキルの開発を支援したいと考えています。そして、さらに、それぞれのビジネスパーソンが組織レベルで自律的に他者との協力関係を構築し、より大きな課題の発見と解決を推進していく仕組みづくりの構築をお手伝いできればと思っています。

探究型読書の企業版は2種類あります。ひとつはビジネスパーソン個人のスキル開発をターゲットとしたもの、もうひとつは組織レベルの意識変革を目指すものです。前者が「Quest Reading（クエストリーディング）」、後者が「Quest Link（クエストリンク）」です。

◆

◆

◆

Quest Reading：探究型読書は、個人の探究力を高めるために、読書を通して、個人のものの見方や考え方を深めたり、広げることを狙いとしています。Quest Readingはこの探究型読書をチームで行います。1チームは4人程度。チームで1つのテーマを決め、そのテーマをフィルターにしてメンバーがそれぞれ異なる本を読み、対話を行います。場の全体を取り仕切るのは編集工学研究所のコーチです。所要時間は3時間程度。

本を読む手順は探究型読書と同じです。異なるのは、本を読む目的、テーマをあらかじめ設定することと、チームのメンバー間で対話を行うことです。基本的に、メンバーはそれぞれ異なる本を読みますが、みな同じ本を読んでも問題はありません。私たちがQuest Readingにおいて、別々の本の読書を推奨しているのは、チームで対話するテーマに対し、多様な視点を用意できるからです。もちろん、同じ本を読むことで、他のメンバーとの考えの相違を確認しながら対話を深めていくことも可能ですので、適宜、チーム内で調整していただければと思います。

これまで多くの企業が社内研修としてQuest Readingを実践してきました。参加人数が数十人となるケースがほとんどですので、その場合は4人一組のチームが複数できます。その場合は、チーム内の対話の結果を代表者がまとめ、チーム間で発表し合うという形になります。

企業によってQuest Readingを行う理由はさまざまですが、「新入社員にロジカル・シンキングでは補えない発見的な思考方法も知ってもらいたい」「新人幹部に視野の広さや柔軟な思考、そして何より、幅広い教養を身につけてもらいたい」といった声がありました。

Quest Link：Quest Readingでは編集工学研究所のコーチが研修の場を牽引しますが、Quest Linkでは企業の従業員がその役割を務めます。私たちはそのような牽引役をQuest Linker（クエストリンカー）と呼んでいます。

Quest Linkの狙いは組織の共創力を高めることにあります。編集工学研究所主導によるQuest Readingの牽引役を企業の従業員に担っていただき、毎回対話のテーマを変えながら、継続的かつ定期的にQuest Readingを社内で実施していただきます。この段階に至って個人向けの読書法であった探究型読書は「共創型組織開発メソッド」としての性質を強く押し出すことになります。

現代の組織は、さまざまな問題に直面しています。とくに今、企業は大きく3つの環境変化にさらされていると言えるでしょう。

◆ ◆ ◆

1つ目は、社会が急速に複雑化、不確実化し、これまでとても便利に使えていたロジックがうまく機能しなくなる事態が頻発しているということです。急激に変化し続ける環境のもとでは、自律的に課題を設定し、新たな視点で変化に対応する現場の力が必要不可欠となってきます。どのように環境が変化しても、互いに知恵を出し合いながらそれに対応できるだけの個人とチームが存在する組織、つまり共創型の組織である必要があるのです。企業にとってはかなり危機的な状況かもしれませんが、危機は考えようによっては、チャンスに転換できます。危機をチャンスにするには、個人と共にチームとしても学び続けなければなりません。そういう意味では、現在は企業にとって、自律的に学習する形態へと変わっていくチャンスが到来した時とも言えるでしょう。

2つ目は、働き方の多様化が挙げられます。2020年初頭には、新型コロナウイルスの流行により、急速にリモートワーク（テレワーク）が社会に浸透しました。顔を合わせる機会が減った職場では、共通体験や共感を育む場が必要との声も聞かれるようになりました。しかし、これもまた、既存の組織の在り方から21世紀型の組織へと転換するチャンスとも言えます。探究型読書の手法を取り入れることは、新たな組織活性の仕組み化へと舵を切る契機となるかもしれません。

3つ目は、世代変化の問題です。世代によって価値観やものの見方が異なることは珍しくありません。とくに今はデジタルネイティブ世代の若者が次々と入社し、昭和的な働き方や出世の勝ちパターンが崩れてきている時代です。リスクを回避したい若手社員と、相手にあと一歩踏み込めないマネジャーの対話不足から、チーム力の低下を引き起こす事態となることも少なくありません。それならば、どのように、世代や部門領域をまたいだ関係を作っていけばいいのでしょうか。心理的安全性が担保された状態でコミュニケーションが行え、なおかつ、お互いに気兼ねなくアイディアを交換できる場作りがますます重要になってくるでしょう。

これら3つの環境変化によって、組織は多くの課題を抱えることになりました。これらの変化を味方につけ、危機をチャンスに変えるには、個人の力を磨きながら同時にチームを刺激して、共創型の組織へと転換を図る必要があります。

実はさらにもうひとつ、多くの企業研修に内在する問題もあります。研修自体は有意義であったとしても、参加者が現場に戻った時にどうしても普段の自分、普段の組織の在り方に戻ってしまうという問題です。変化を継続させるのはとても難しいものです。仮に若手社員が1日や2日の研修で新しい思考スキルを学んだとしても、現場に戻れば、またいつものスタイルに戻ってしまいます。

これらの問題に対する有効な解決手段となり、なおかつ研修の成果を継続できる方法として、私たちは探究型読書の手法を組織に組み入れるアプローチを採りました。それがQuest Readingであり、Quest Linkです。とくにQuest Linkは組織内部の従業員が、牽引役であるQuest Linkerとなって、組織の中で継続的に場を作っていくことで、探究型読書の手法やチームの思考スタイルを組織に浸透させることができます。個々の研修をその都度実施するよりも、より確実に組織を変えていくことが可能です。そのためにもQuest Linkerの存在は極めて重要です。Quest Linkのプログラムとしての核は、健全な場作りのできる

Quest Linkerの育成でもあります。

◆　◆　◆

Quest Linkは、各回（1回＝4セッション）ごとに議論のテーマを設けるのですが、複数のチームが存在することも想定し、1テーマを複数のトピック（＝Quest Topic）に分割しています。つまり、1つのテーマをいくつかの切り口で考えるのです。たとえば、テーマを「働くワタシ」として、メンバーの仕事観に対して対話を進める際には、Quest Topicを「❶この先、〝仕事〟とどう関わっていく?」「❷〝チーム〟の力を最大化するには?」「❸これからの〝会社〟はどうあってほしい?」のような、具体的な問いに置き換えます。4人一組のチームごとに、この3つのQuest Topicからひとつを選び、そのQuest Topicに対する思考と対話を進めていくスタイルをとります。

Quest Linkの対話の場面では、一人ひとりが実践した探究型読書によるアウトプットだけでなく、このQuest Topicに関する考察と問いが、交わされることになります。「❸これからの〝会社〟はどうあってほしい?」という問いについて、さまざまな世代がまざるチームの中でいきなり「自分の意見」を表明するのはそう簡単なことではありません。本や著者の視点を借りて発言するという心理的な安全性が担保された環境の中で、「会社」や「市場」「社会」に対する個々人の見方や価値観、問題意識を交換し合う。これを継続して行うことで、さまざまなテーマに対しての問いを立てられる組織、自律的に学習が進む組織へ変容していくことを、Quest Linkは目指しています。

第五章

〈対話篇〉探究型読書を巡る3つの対話

君達が尋ねていることに対しては、
僕にも下稽古ができていなくはないように思う

——『饗宴』
（プラトン 久保勉訳 岩波文庫）

個人や組織において、探究型読書は具体的にどう活用され、どのような役割を担っているのでしょう。

第五章では、すでに探究型読書を実践しておられる方々との対話を通じて、その可能性や展望を探っていきます。切り口は「企業」「学校」、そして「時代」の3つです。

変化の時代に求められる企業および従業員のあるべき姿とはいかなるものなのでしょうか。イシス編集学校の師範代の資格も持つ株式会社ポーラ 執行役員・人事戦略部長 荘司祐子氏に、企業における「問う力」の重要性をうかがいます。

かえつ有明中・高等学校 副教頭 佐野和之氏には、生徒のみならず、先生にも必要な「探究力」の意味を聞きました。探究型読書の実践で学校現場はどのように変わっていくのでしょうか。

世界トップクラスの評価を得るスイスのビジネススクールＩＭＤの北東アジア代表 高津尚志氏は、現在のような激動の時代を生き抜く術や考え方を示唆してくれました。今はまさに、〝古い時代〟と〝新しい時代〟の端境期です。探究型読書は時代の変化をどのように受け止めることができるのでしょうか。

【対話Ⅰ】探究型読書で養う組織の「問う力」

歴史のある企業はその安定感と引き換えに、新しいチャレンジへのモチベーションを低下させていくことがある。チャレンジ精神の源泉にある「問う力」を活性化させるにはどうすればいいのか？　株式会社ポーラ 執行役員・人事戦略部長 荘司祐子氏に聞いた。

株式会社ポーラ 執行役員・人事戦略部長　荘司祐子

ポーラ入社後、営業、販売企画、ＣＲＭ、営業推進を経て２０１７年から人事を担当。想像力、発想力豊かな人材の育成と多彩な人材がお互い高め合う共創型組織づくりに取り組む。編集工学とは営業推進時代に人材育成研修の企画で出会う。編集工学のすばらしさにほれ込んで、イシス編集学校の守・破・花伝所のコースに学び、編集工学の研修やQuest Readingを社内に導入。現在は、Quest Linkerとして組織内でQuest Linkを牽引している。

「問題が出尽くしている」問題

編集工学研究所（以下、編工研）：ポーラさんでは、探究型読書をコアメソッドとするQuest Linkを組織のコミュニケーション支援ツールとして活用していこうとされています。まずはこの探究型読書というメソッドについて、どんな印象をお持ちですか？

荘司：私は読書を「知識をインプットする行為」だと思っていたのですが、この探究型読書はインプットがゴールじゃないんですよね。自分の外側にある事象を借りながら、自分の中を探っていくというか。本の目次を手がかりにしながら、自分って「どんな考えを持っているんだろう」「何を大事だと思ってるんだろう」ということを探していく。言ってみれば自分探索なんですよね。

成果を出せるビジネスパーソンは、総じて内省力が高いんです。自分の考えていること、置かれている環境、成長の過程、どこに課題があって、どこに関心があって……そういうことと常に向き合っている。その内省力を、本を使うことで高めてくれるのが、この探究型読書なのかなと思います。

編工研：そうですね。自分の内側を探るのは、ひとりではなかなか難しいことですが、その探索の道筋を見つけながら思考を前に進める上で、本は有能なパートナーになってくれるのだと思います。

荘司：自分の内側と外側を、本を媒介にどんどん探っていく。そう考えると探究型読書というのはとてもよいネーミングですよね。

編工研：ありがとうございます。ところで、ポーラさんは非常に優秀な方々が多い会社さんという印象があります。人事担当役員として、今のポーラさんにどんな課題をお持ちですか？

荘司：一般の生活者の問題って、実はもうほとんど解けちゃっていると思うんです。化粧品の技術開発はどんどん進んでいて、すでにたいていの需要は満たされている。極端なことを言うと、問題そのものが、もう、ないんです。だから普通に仕事をしていると、解くべき問題に出合えない。だからこそ、企業には、これまでにない視点から課題や価値を見つけられる人が必要になってくると思います。

ポーラは創設以来90年の歴史の中で、社員が長く働ける環境を作ってきて、それはそれで素晴らしいことなのですが、一方で、社員の同質化が避けられない傾向にもあると思うんです。よくも悪くも、トップの意志が全体にスッと浸透する組織なんです。とくに悪い面で言うと、深い思考を経ない言葉が社内でコピー&ペーストされるかのように流通し、その結果、各スタッフの話す内容もパターン化されるようになっていきます。「デジタル化が大事」「つながりを大切に」のようなメッセージは本当に自分の中で考えて出てきたものなのかと言うと、ちょっと疑問があります。

もうひとつは、「問う力」の弱さです。組織の構成員が同質化するほど、問題を見つける力は弱くなります。自分で課題を設定せず、他人に言われたことをスマートにこなす集団になると、本質的な課題に会社全体で気がつかなくなります。

そういう危機感を持っています。

編工研：使う言葉や思考パターンの同質化を乗り越えて、自らユニークな課題を設定できるチームになっていくにあたって、Quest Linkのような本の活用の仕方に、何か突破口があると思われたということですか？

荘司：はい、そうです。Quest Linkをやってみて気がついたことですが、本を読むということは、「著者の言葉や思考方法に初めて出合う」ということなんですよね。仕事の中で慣れ親しんだ言葉や思考方法を離れて、他者（＝本の著者）の言葉や考え方を借りながら、自分の中にある問題意識を発見する。違う「器」で考えるみたいなものですね。

編工研：器。まさにそうですね。

思考の「器」を替えながら、自分の考えを立ち上げていく

荘司：四角い型に入れたゼリーをそのままにせずに、丸とか三角の器に入れ替えてみたり、お皿に移したりする中で、ゼリーは動いていきますよね。その中で「こんな鮮やかなピンクだったんだ」「こういう香りがするのか」なんて気がついたりもする。

「美とは何か」とか「人材とは何か」ということを、それらしく語ることはできても、「そ

の中身は一体何なのか」ということは、やっぱり自分で言葉を置き換えたり、移し替えたりしないと本当には見えてこない。でも、自分でその置き換えや移し替えを起こすのはそんなに簡単なことじゃないから、著者の言葉や思考を「仮の器」としていったん使わせてもらう。それってすごい方法だなと思います。違う言葉に乗って、違う「器」を借りて考えることで、逆に自分に問い合わせがかかるんですよね。

編工研：なるほど。「器」を変えないと自分のものの見方が変わらないということ、すごくよく分かります。編集工学では、情報の「乗り換え・持ち替え・着替え」を大事にしますが、まさに思考の乗り物を自在に変えていくイメージですね。

荘司：ピアノを弾くのと一緒なんですよね。私は小さい頃からずっとピアノをやってきているんですけど、最初から模範になるものを想定して弾いちゃうと、何も得るものがないんです。音符には作曲者の思いとか、フレーズとかビジョンがありますよね。その正解を探すんじゃなくて、音符を読んで自分で弾いてみて、どんな音や映像が自分の中に立ち上がるか。自分の中にビジョンを作っていくような感じです。だから、同じ作業だなと思いました。骨子とか論旨とか、そういうのは本の中にあるんだけど、それを受ける背景や色やイメージのようなものは自分で作りあげていく。Quest Linkって、ピアノを自分のものにしていくプロセスとよく似ているんです。だから、疲れる。ものを作るのと一緒なんですよ。

編工研：それは面白い見方ですね。まったくのゼロからイチを立ち上げるのではなくて、すでにある素晴らしいものの力を借りて自分の思考や感情やイメージを再構築していくような作業ですね。そこが、ピアノの演奏とよく似ている。

荘司：同じ楽譜を演奏しても弾く人によって音色が違うように、同じ目次を読んでも、読み手によって見える景色は全然違いますよね。それなんだと思うんです。どんなに上手に弾けても、そこに自分のイメージが入らなかったら、自分の表現を作ったことにはならないですから。

「自分」を出すことへの苦手意識

編工研：ビジネスの現場にいると、自分を表現することが苦手になりませんか？

荘司：トップの言うことに従っていれば、ことさら自分を持ち出さなくてもいいですからね。ビジネスパーソンは、日常的に「自分の問いを持つ」ということには慣れていないと思います。前例や成功パターンを踏んでおけば失敗はないですから。疑問を持つのは、しんどいですよね。自分で考えるっていうことは。しかし、これだけ変化の激しい世の中にあって、昔の人がやってきたことを疑問を持たずに繰り返すのはリスクでしかないですよ。

編工研：そうですよね。読書だって、著者の言っていることをそのままインプットする方が楽です。以前、ポーラさんで「情報編集力」の研修をさせていただいたことがありますが、その際の課題意識は「ものの見方を豊かにしたい」ということだったかと思います。あの時の研修とQuest Linkとでは、荘司さんの中で違いはありましたか？

荘司：「情報編集力」の研修を受けて感じたのは、人それぞれの多様性をすごく大事にするプログラムだなということです。「あなたが今まで生きてきたということ自体がとても大事なことで、あなたの歴史やあなたの考えは唯一無二なんです。それに気づきなさい」ということを編集工学は言ってくれているなと思っていました。そういった考えを心理的安全性を担保した環境で共有すると、浮かび上がるイメージやアイデアがすごく豊かになるんですよね。

Quest Linkは、「情報編集力」研修をベースとしながらも、「自分で作り出す」という主体性が強く問われるものだと思います。自分自身を発見しながら、他者の考えにつながっていくことで、イメージは一気に豊かになる。研修スタイルだと、どうしてもどこか受け身になっちゃうんだけど、Quest Linkは主体的にならざるを得ないですから。

編工研：そうですね。私たちがQuest Linkを作ったのは、実はポーラさんでいろいろ経験させていただいたことも大きいんです。

ポーラさんは、コミュニケーション能力が高い優秀な人たちがたくさんいらっしゃる会社さんだなという印象があります。一方で、自分を問われた途端に何ともいえない苦手意識が出てきてしまう。「あなたはどう思いますか」「あなたの言葉で言ってください」ということに、何か抵抗があるような……。これは、集合研修という場でその都度、対応していても、なかなか追いつかないのではないか、実は私たちが考える以上に根深い問題で、しかもポーラさんに限ったことでもないぞ、と思うようになりました。自分を経由しない思考の傾向って、「ものの見方の豊かさ」からはどんどん遠くなります。

自分を自由にするためには、思考のためのメソッドに加えて、自分の考えをいったん預けられる「道具」がいるなと思ったんです。荘司さんのおっしゃる「器」ですね。そこで、編集工学研究所が大切にしてきた読書法と情報編集力のメソッドを組み合せることにしました。加えて、断片的な研修で終わらない仕組み、つまり、組織の文化や習慣の中に入っていけるような継続的な仕組みを整えられるような形にできたらいいな、と考えました。「道具」と「習慣」が必要だという発見が、探究型読書の体系化につながり、Quest Linkというサービスの始まりに発展していったのです。

荘司：よい話ですね。同じ場所に人を集めて、ある一定時間拘束して行う研修スタイルは、人を受動的にするんですよね。参加すれば何かをもらえて、それを自分にインプットすれば、何かに効果があるだろう、という期待が参加者を受け身にするのでしょうか。Quest Linkは、参加者が主体的にならないと始まらない。

編工研：はい、参加者の主体性が求められるという意味では、かなりハードなプログラムだと思います。ただ、講義中心の研修ではけっして得られない類の達成感を感じていただけると思いますよ。

荘司：学びのスタイルの設計からして、これまでの研修とは違いますよね。主体的に動いて、自分で見つけなさいよ、思いきって冒険しなさいよ、ということを、仕組みを通して問われているような気がします。

編工研：はい。ですのでQuest Linkは、それぞれの組織で自由に活用場面を見つけてもらって、それを自分たちで磨き上げながら使っていっていただけるような柔軟な枠組みになっています。そうやって組織を作っていってほしいですし、そういう道具になるのが、Quest Link本来の形だなと思っています。だから、私たちが研修にうかがうのではなく、「Quest Linkerを組織内で独自に養成していただく」という方法をとりました。

「主体的な」ビジネス思考を鍛える

荘司：習慣になると大きいですよね。Quest Linkは、目次から内容を推測する過程で、自分の中のあらゆる資産を生かし、想像を働かせて、イメージを構築していきますよね。これは、ビジネスを考える上でもとてもよい練習だと思います。課題を想定して企画をするっていうのは、そういう行為ですからね。

編工研：Quest Linkの場合は、4人一組でみなが違う本を手にしますが、Quest Topicと呼ばれる共通の話題を設定しておくのが特徴でもあるんですよね。それによって思考領域に目印が立ち、ある共通の方向に向かって参加者の思考が動いていく。本を媒介にした対話が成立するのは、このQuest Topicがあるからなんですよね。むしろ、お題がない状態で本に入っていくと、自分自身のイメージが立ち上がりにくい。

荘司：普通はそのまま著者の視点に飲み込まれちゃいますよね。「読書とは著者の言い分を理解して、知識を吸収するためにするもの」という思い込みがあるから、よほどしっかり旗を立てておかないと、いつの間にか自分の考えをどこかに置き忘れてしまい、知らず知らずのうちに著者に吸い込まれてしまう。

編工研：著者に誘《いざな》われる感じが読書の醍醐味だったりもするので、それはそれで、もちろん、いいんです。ただ、自分のイマジネーションを豊かにすることを目指すQuest Linkにおいては、著者と読者の主従関係を思いきってひっくり返してほしいんです。著者が正しいことを言っていて、読者である「私」はそれを正しく読み取れるかを試されている、という構えになってしまうところを崩したい。

荘司：さきほどからの話ですが、仕事や人生においても、この種の逆転が必要になっていると言えるんだと思います。ポーラでは「訪販（訪問販売）モデル」といって、創業以来の得意なビジネスモデルを持っています。社内には訪販特有の文化や言葉やものの見方がありまず。長年かけて培われた文化であるだけに、「そういうもの」だという共通認識で、社内のほとんどのコトが成り立ってしまっているんですね。たとえば「訪販ビジネスって、やっぱり『人産業』だよね」みたいなことをお互いに言うのですが、「それって一体どういうこと？」という問いには、うまく答えられないわけです。「訪販って『人産業』なの？ほんと？　なんで？」ということを、疑問視する人はいないんですよ。そうすると、本質的な課題に気づかないままに、議論が上滑りして、細かい手法の問題ばかりを相手にするようになる。いや、そもそもお客さまって、「そこ」を問題視しているの？という視点に、なかなか行き着かないんですよね。

「そもそも思考」で、ものの見方に変更をかける

編工研：正解らしきものが外側にあると思い込んでいるところを、まず「いや、ちょっと待てよ。内側にあるぞ」という風に変えてもらうことがけっこう至難の技ですよね。

荘司：そうなんです。思考パターンを変えるっていうのは、簡単なことじゃない。この難しいことをQuest Linkで切り崩していきたいんですよね。価値として見えていないものに価値を作っていきたい。当たり前と思っていたものをちょっと横から見ることで、新しい価値がぱーっと出てくる、そういうことが起こる議論がこれからは必要だと思うんです。「発想」ってそういうものですよね。違うもの同士を近くに持ってきて、違和感のあるものほどくっ

つけると価値になるってあるじゃないですか。既存の組織のフレーム自体に大きな変革を起こすのは大変なことですが、見方を変えて、新しいイメージを発見していくのは、自分たちの思考の変革でできますから。そういうことをやっていかないと、新しいビジネスを生み続けるっていうのは難しいと思います。

編工研：そうですね。企業が何か新しい価値を生み出していくのは、荘司さんがおっしゃるように、必ずしも真新しいフレームやサービスを産み出すことだけではないですよね。今、自分たちが持っているものを、新しい見方をすることで一新させることもできる。

荘司：ちょっと見方をずらしていくと、細かいルールややり方を変えなきゃいけなくなってきて、そこで初めて変革が見えてくるんだと思います。ゼロから変革や創造をプランするなんて、無理ですから。

編工研：そうですよね。それをひとりの天才ではなくて、組織やチームで起こしていくとしたら、何が必要なんでしょうか。

コミュニケーションの「膜」を破ってチーム力を高める

荘司：「チーム力を高めるためには他者への傾聴が大事」とよく言われるんだけど、それじゃ足りないんですよね。意外とできないのが、自分の意見と他人の意見を積極的に関係づけること。Quest Linkでは、それが自然にできる仕組みになっています。

編工研：そうですね。対話をする時は必ず、他人の意見を踏まえた後で、自分の意見を発信するという仕組みを採用しています。そうじゃないと、他人の意見を聞き流して、自分の意見だけを一方的に提供するということにもなりかねないからです。それでは、チームでの協業が起動しないんですね。

荘司：そうだと思います。「受け入れる」とか「多様性を受容する」という言葉がいろいろなところで言われますが、それだけじゃ全然足りないのです。自分と相手の間にある「情報の流れを変えていくような関与」が積極的にできないと人と人ってつながれないんですよね。流れの中に「杭」を立てる、みたいなイメージです。それがないと、相手から引き出せないし、自分からも引き出されない。

相手の言っていることに疑問や関心を持ち、それらを自分の中の疑問や関心とつなげていかないと、チームはできていかないと思います。互いが互いの乗り物になることで、チームの思考はどんどん高まっていく。ただ相手に乗るためには、ちょっとコツがいるんですよね。

編工研：そうなんですよね。Quest Linkのセッションの中では、どんなことでもいいから人の意見に関連づけて話してくださいと言っています。「今の何々さんの話と関係あるかもしれませんけど」というようなクッションとなるフレーズを置いてみると、意外とスムーズに話を続けられます。人と人の見方の「間」には、自然に任せていたら破れない「膜」のようなものがあると思うんです。大体はお互い、その膜の中でいろいろなことを済ませ、なんとなく共有して、なんとなく大丈夫……みたいな感じにおさまっているんですけど。その膜をプチっと破れるかどうか。

荘司：それをしないと、結局ずっと並行したままになる。つまり、いったん受容はするんだけど、実際には「私は私、あなたはあなた」というように、真の意味で相手を理解しようとしないことになります。

編工研：受容した上で、相手の膜の中に入って、つまり、荘司さんがおっしゃるように相手に好奇心を持って、問いを立てないと、本当にはつながらないはずなんですよね。

荘司：もともと私も自分の思考の中に閉じこもっちゃう癖があるんですよ。聞いてはいるんだけど、ちゃんと相手の視点に立っていないというような。でも、Quest Linkのように無理矢理にでも入っていかないとダメな状況を作られると、「この人の中に何があるんだろう」と、本当に考えるじゃないですか。シンプルに「方法として面白い」と思いましたね。なんでもよいから関連づけてと言われても、なんでもよいってできないから。相手と真摯に向き合わざるを得ない。受容や傾聴から入るのではなく、まずは、相手の考えを自分の視点で見てみる、そこに一度集中するっていうことをQuest Linkは強制する。そうすると、相手の「乗り物」に乗るっていう感覚が生まれてくるんですよね。かなり能動的に思考して関わっていかないとできないことだから、本当に脳が疲れます。

編工研：リンキングセッションの様子を拝見するたびに、どうしてこんなに議論が早く進んでいくんだろう、なんでこんなに遠くまで行けるんだろう、と思うことがあります。そこで本が果たしている役割をもっとちゃんと解明したいとも思うんですが……。ひとつ言えるのは、そのテーマにおいてはすでに自分よりもはるかによいエンジンを積んでいる著者の思考を乗り物にしている、というところがやっぱりあると思います。加えて、4人が全員それぞれの乗り物に乗っているので、お互いに抜きつ抜かれつのスピードが出たり、次に進む足場を与え合ったりしているんだと思います。本を媒介に、チームでお互いの膜を破りながら対話をしていくと、あんな風に高いところまで行けるんだな、と。

荘司：簡単に見えるようで、すごくしんどい作業をしているんですよね。

編工研：そうだと思います。実際、本がない状態で同じような議論の成果を得ようと思ったら、参加者には相当広くて深い知識基盤が求められるでしょう。加えて、鋭くユニークな視点や圧倒的な論理構成力なども。そんなすごい人はなかなかいません。それこそ、本の著者はそういう類のすごい人たちで、彼らや彼女らの力を借りることで、建設的な議論を積み上げたり、素晴らしいアイデアに気づけたりできるわけです。

「かこつける」力と「あてはめる」力

荘司：４人がそれぞれ違うフレームを持って同じテーマを考えていくから、ぜんぜん違う見方が混ざっていくんですよね。ＭＢＡ（経営学修士）の限界は全部同じフレームを使うことだと私は思っているんです。同じフレームで同じ問題を解いたら、同じ解が出るのは当たり前じゃないですか。何やってるんだろうなって思ったりしました。本から著者の思考の枠組み、フレームを探し出して使うと考えると、それこそフレームの数は数え切れません。出てくる解も必然的に多様になる。本を手にしていることで、ものの見方をいくらでも着替えられる、というのが面白いですね。

編工研：そうですね。著者の数だけ、さまざまな見方があるし、人の数だけ、思考のルートがある。それらがどんどん掛け算されていくので、Quest Link自体はとてもシンプルな仕組みなんですけど、出力される結果はなかなかのカオス状態になります。

荘司：いったい私たちはどこにいくんだろうと思いながら、ずっと冒険している感じです。

ドラクエに近い。

編工研：ドラクエ。そう、冒険っていいですね。

荘司：慣れ親しんできた「思考の枠組み」から引きずり出され、なおかつ、探しているものの正体が分からない状態で、何かを必死になって探している感じ。どこを探すかというと、自分。「あ、そこ行ったか！」とか「こんなもの出てきたぞ」っていう発見が、自分にあるし、他のチームメンバーにも起こっていくんですよね。同じテーマを考えているのに、思考の観点や道筋が全然違う。

編工研：自分の中に潜って行って何かを発見するというのが面白いですね。クリエイティブの創発というのは、まさに、自分の可能性を自ら掘り起こすこと。それぞれのメンバーが独自に自分を発見するための冒険を行っている。

荘司：Quest Linkの「読前」ステップで目次を集中して読んでいると、自分の中に蓄積されてきた知識とか、知見みたいなものの量や質が厳しく問われているように感じて、焦るんですよ。目次から本の中身や全体像を推測しなきゃいけないっていうことは、自分の中にそれなりに参照できるものがないとだめなんです。何もないと、疑問すら持てない。それで「自分の中に奥行きを持たせなきゃいけないな」ということに気づく。Quest Linkをやった後は、とにかく本を読みたくなる。Quest Linkの「読前」ステップは、本の目次にかこつけて、自分の中から関連するイメージを引っ張り出してくる作業なので、そのイメージのレパートリーが欲しくなるんです。

編工研：「かこつけて」が大事ですよね。「かこつける」の中に、すごくいろいろな編集力が動いているはずです。

荘司：「編集力を持っているか、持っていないか」が、本の目次を見て、何を想像しますかっていうクエスチョンですごく問われる。

編工研：それで、本が読みたくなるっていう。

荘司：ビジネスの文脈でもうひとつ大事なのは、その「かこつけて」イメージしたことを自分たちにあてはめる力だと思います。優れている人は、きっと日常的にこの「かこつける」と「あてはめる」をやっているんだと思う。「なるほどね。うちの場合はね」って考えるじゃない？　これと同じ作業を、「読前」ステップの目次読みではやっていると思います。

編工研：確かにそうですね。「かこつける」と「あてはめる」、それらによって何かを作り上げるっていうステップは、ビジネスの現場においても汎用的ですよね。

子どものうちから始めたい

荘司：Quest Linkのやり方は人に自信を回復させるんですよね。一人ひとりの自己肯定感を大切にしながら、主体的に考えたり、自分らしい未来を描くということが、この方法を通してできると思うんです。そういう強さが、日本の力になっていくといいな、とも思います。こういうことを、小さい時からやっていたら、だいぶ変わると思うんですよ。

編工研：そうですね。子どもの頃にしっかりとした自己肯定感を獲得しておくというのは、実はとても大事なことで、自分で自分を信じられないと他人を尊重し、信頼することも難しくなります。

荘司：日本人が得意な、気配を感じたり、相手を尊重するような想像力に加えて、「自分はこう思う」という持論や軸を持てるようになると素晴らしいと思います。そのためには、「この人はこう言ってるけど、自分はどう考える？」という問いを立てる力が必要で、それにはやっぱり自分への信頼がベースにある。しっかりとした自分軸を育《はぐく》みながら人と繋がっていく柔らかさを、日本人は上手に使いこなすことができるように思います。探究型読書は、そこを育める方法論ですよね。ぜひ、子どものうちからやってもらえるといいなと思います。小学校とかでやっているのを、見に行きたいんですよ。

編工研：今度ぜひ一緒に学校に行きましょうよ。

荘司：大人より子どもたちの方が「かこつけて」持っていく力は強いでしょうね。

編工研：子どもは大人より速いですよ。

荘司：ですよね。正解を出さなきゃいけないっていう怖さがないから。「かこつける」力が強いと思うんですよ。「ここ!?:」みたいな。それをもらいたい。見に行きたい。

編工研：よいですね。今度、企画します。

荘司：ぜひ。主体的に未来を作っていく人を、もっともっと日本にいっぱい作ってほしいなと思います。Quest Linkは、そのための大きな宝物だなと、力強い武器になるな、と思います。

編工研：最後に素晴らしいメッセージ、ありがとうございました。

【対話Ⅱ】「探究」という学びの姿勢を追求する

教育現場で急務とされる「探究力」の養成。それは教わる側の生徒だけではなく、教える側の教師にも求められる力だった。かえつ有明中・高等学校の副教頭 佐野和之氏に教育者の立場から探究型読書の可能性を聞いた。

かえつ有明中・高等学校 副教頭　佐野和之

埼玉県私立高校での勤務を経て、2014年同校で「学ぶことの喜び」を追究する新クラスの立ち上げメンバーとして赴任。中学ではさまざまなプログラムの体験を通じて、多様な思考スキルと表現方法を学ぶ「サイエンス科」、高校では内省と対話から自分たちに必要な学びの場を自らの力で創造する「プロジェクト科」など、「新しい学び」を展開する中心的な役割を果たす。また共感的コミュニケーションやU理論、マインドフルネスなど多岐にわたる分野から教育の在り方を模索し、先進的に実践している。「共感的コミュニケーション」や「パターンランゲージ」などを使った教師間のチームビルディングの研修を全国の学校で実施している。

「気づき」と「学び」の関係

編工研：新型コロナウイルス禍での新学期スタートで、教育現場は本当に大変な時期でいらっしゃいますよね。さまざまな面で大きな変革が余儀なくされる中、佐野先生はどんなことを思いながら過ごされていましたか？

佐野：この間、いろいろな学校の先生方と、この環境下での教育の在り方についてずっと議論をしてきました。やっぱり、オンラインとオフラインをどう効果的に使っていこうか、という話が中心になります。けど、そればっかりじゃないな、という話もあります。これは長野県のある高校の校長先生からお聞きしたお話なんですが、長野県では、家庭どころか学校でもオンライン環境は整っていないところが少なくないということで、登校できない生徒たちは授業を受けられず、暇で暇で仕方がない。やることがないから外に散歩に出るんですって。そこである男の子は、山や樹や川を眺めたり、道端の草花を観察したりし始めたそうなんです。そして「今まで毎日通っていた家の前の道に、こんな花が咲いてたの？」ということに驚いたんだそうです。それで、中学の同級生２人に「こんな花が咲いてたんだぜ」って写真を送った、と。

そこから、こういう写真を集めてみたら面白いんじゃないかということになって、3人で自分の家の近くに咲いている花や木々とかを撮り貯めていった。その生徒の学校の校長先生は「休校期間中に学んだことがあったら、何か形にして持ってきなさい」と声をかけていたようなんです。それで、その男子生徒たちは撮り貯めた草花の写真をアルバムにして、分散登校が始まった時に校長先生に持っていきました。

その話を聞いて、思ったんですね。私たちはとかく、オンラインとオフラインを融合したら何ができるかと、新しい可能性の方に目が向くのですが、そして、それは大切なことではあるのですが、見るべきものはそこばかりではないな、と。生徒たちは無理やり暇な時間の中に放り込まれて、ある意味、〝退化した環境〟で生活を送っていたのですが、その中でとても大切なものに出合ったんですよね。こんなに面白くて、素敵なものが目の前にあったんだということに気がつき、また、毎日見ていたはずのものが目に入っていない自分にも気がついた。その気づきは、とても豊かですよ。こんな風に、新たな創造や学びを発見していった子たちは実はたくさんいるんじゃないか、と。そういう豊かさの発見を、自粛中の高校1年生の何気ない活動から、はっと気づかされたわけです。

今回一斉に使えるようになったオンラインツールを日頃の授業に取り入れていくと、できることが本当に増えるんです。それは教育現場の新しい可能性には違いないんですが、でも、学校が始まった時に、そのことによって、またより一層彼らを忙しくさせちゃダメだよね、という話になったんです。

編工研：まさに「学びってなんだっけ？」という話ですね。

佐野：そうなんです。オンライン環境を使って僕らが何を目指すべきかというと、どれだけやれることを増やすかではなくて、どれだけ生徒たちに豊かな時間を作ってあげられるか、ということなんじゃないか、と。内側からの気づきに勝る学びはないですよ。僕らがよかれと思ってしていることは、ともすればそれを邪魔してしまっているかもしれない。

編工研：この自粛期間の中で、これまで見えていなかったものが急に見えるようになったという経験は、子どもから大人まで、きっといろいろな人がしているのでしょうね。その小さな兆しをこんな風に拾い上げて、教育現場を預かる大人たちが真剣に議論を交わしているというお話は、本当に素敵だなと思いました。その子たちは、たまたま、そういう気づきを経験して、それをしっかりと受け止めてくれる大人たちによって大切な学びとして認識できたことと思いますが、でも、そういう内発的な発見や学びって、自分で起こそうとすると本当に難しいですよね？

自分と相手の「地」を変える

佐野：そう思います。なかなか自分の意志だけじゃできないですよ。単に暇な時間をあげればあちこちで学びが起こるかといえば、そんなはずはない。そこにはやっぱり、気づきを助ける何かしらの仕組みがいるんですね。この探究型読書というメソッドが提供しようとしていることに通じると思いますが、本はそのためのとても有効なサポーターになると思います。

編工研：佐野先生がいらっしゃるかえつ有明中・高等学校では、探究型読書の手法を熱心に授業に取り入れてくださっていますよね。

佐野：探究型読書では、本が持っている効能を5つに整理していますよね。「思考のジャンプ台になる」「視点を底上げする」「隠れ蓑になる」「共に進む乗り物になる」。それから「対話の媒介になる」というのがあったと思うんですけど。どれもそうなんですよね。とくにこの最初の思考のジャンプ台と視点の底上げというのは、まさに内発的な気づきのサポート機能なんだと思います。

図書館を活用した探究型読書プログラムの中で、「三冊棚」というプロセスがありましたよね。本を3冊選んで、何かしら自分の関心あるテーマを組み立てる、というもの。あの三冊棚の時に、どうしたらいいか分からない子がいたんですよね。その子はバスケ部の女の子だったので、バスケットボールというテーマで組み立てようと、バスケットボールの本と、バレーボールの本と、もう1冊何かスポーツの本を持ってきてやったわけですよ。その時の担当の先生は、Quest Linkを通して探究型読書の方法論をしっかり学んでいたので、「地と図」の考え方を使って「地」を広げるような問いかけをしていったんです。「バスケ部で今どういうことをやっているの?」と対話をしていくと、その子は副部長だったので、リーダー的な役割も担っていると。「バスケットボールってスポーツでもあるけれども、チームとしての活動でもあるよね?」といったことを伝えたら、その子はハッとしたらしいんです。その後、組織論の本とリーダー論の本を持ってきて、バスケットボールの本と合わせて三冊棚を作った。

編工研：「地」が変わって、パッと開けたんですね、自分が考えたいテーマが。

佐野：そう。地が変わったんです。図しか見えていなかったところから、地を揺らしたことでさーっと景色が広がって、あれとこれを持ってきてつないでみたら、自分が考えたかったことってこれだった、という気づきにつながるんですね。先ほどの、暇なだけじゃ学べない、というところですが、視野を広げたり視座を高めたりする上でこの探究型読書でやっているようなことというのは、すごくキモになるんじゃないかと思います。

編工研：たしかに、3つの好きなトピックを組み合せて何かを表現しなさい、と言われたらどこに向かっていいかと途方にくれてしまいますが、図書館から「3冊の本」を選んで好きなテーマを語りなさいであれば、まずは本を選ぶことに向かえるんですよね。選ぶ中で、自分の「地」に変更がかかったら、本が持っている視点を借りて「組織論」というトピックを加えることができる。確かに先生がおっしゃるように、子どもたちのものの見方が変わっていくのを自然に任せるだけじゃなくて、何かそこで視座を高めるサポートをしてあげられるといいのでしょうね。おそらくそれを佐野先生は、ご自分の感覚でずっとやられてきたことだと思うんですけど。先生方みんながそういうことが得意なわけでもないですよね。

佐野：得意じゃない先生も多いかもしれませんね。日頃は自分の教科の中で、ある意味、閉ざされた「地」の中にいて、それでもやれちゃうから。生徒は「授業面白くないなー」と思っていても、受験や成績があるから、なんとか適応してやらなきゃいけない。すると先生たちは「きみたちがここまで来なさい」となってしまう。生徒はどんどんつまらなくなる。相変わらず先生は自分の「地」を変えることなく、当然ながら生徒の「地」も広がっていかない。これはお互い苦しいですよね。だから生徒だけじゃなく、むしろ先生にも、「地」を変えていく仕組みや道具が必要なんだと思うんです。

自分が変わると周りが変わる

編工研：佐野先生がある時、Quest Linkの話を聞きたいと訪ねてきてくださいましたよね。それでいろいろお話をする中で、「うちの学校の先生たちを連れて来て、Quest Linkの体験をさせてもらいたい」とおっしゃって、後日、かえつ有明の先生方13人ですぐに訪ねて来られた。そのフットワークの軽さと思いの切実さに、正直びっくりしたんです。

佐野：今の僕の役割は、現場に立つ先生たちのサポートをすることですが、その先生方に現場を変えてもらうためには、「僕自身が変容し続けていないとならないな」といつも思っているんですね。同様に、Quest Linkを一緒に学んだ先生方は、生徒たちに「よりよい変容を遂げてもらいたい」と思っている人たちで、なおかつ、「生徒が変わるには自分が変わる必要がある」ということまでを共有できているメンバーなんです。本楼（編集工学研究所のブックサロンスペース「本楼」）に行くだけでも、学校の中にいては得られない刺激があるじゃないですか。そういうことを自分で体験し、自分自身が触発されることを通して、その影響が生徒に届いていく。そういう状態が「学習する組織」だと思うし、学校の中が変わっていく一番のポイントじゃないかな、と思っているんですよね。

編工研：一気に変えようとするのではなく、波紋のように変化の影響を広げていくという佐野先生のイメージは、きっとどの組織でも大きな力になる方法だと思います。でも、なかなかできないですよ。辛抱も必要でしょうし。佐野先生は、いつ頃からそんな風に考えられていたのですか？

佐野：実は、前の職場で、一度失敗してるんです。考え方の硬い学校の中で、すごく急速に変化を起こそうとしたんですよね。それが自分にはできるという自信もあった。まぁ、天狗になっていたんでしょうね。自分のイメージ通りにガーッと変革を進めていったら、一部は本当に変わりました。しかし同時に、そういう変化が苦手な人もいるじゃないですか。その人たちは、僕のやり方に嫌悪感を強く示した。それによって、教員の間に分断が起こってしまったんです。そういう空気は、生徒たちにも移ってしまいますから、学校全体に分断の空気が生まれてしまった。悩んだ末に、ある日教員室の端に立って、先生方みんなの前で泣きながら謝ったんです。「僕が望んでいたのはこんな状態じゃないんです」って。そこからです。「もう一度一緒にやっていけませんか」と先生方と話をして、とにかく対話を中心にことを運ぶようにしたんですね。そうしたら、すごくよい雰囲気になっていったんですよ。みんな、分断なんて望んでいなかったんです。そんな時に、かえつから声がかかって、職場を変わりました。

そういうことがあったので、かえつに来た時には、焦らずにまず自分だなと思っていたんですね。周りを変えようとするんじゃなくって、自分がありたい状態でいられるように努めて、それに共感してくれる人たちと一緒に広げていけばいいやって。最初は、管理職の会議も余計な緊張感がありましたし、学校全体の雰囲気も硬めだったんですよ。昔ながらのしきたりとか、必要性を感じないルールもあって。そういうことに対してものを言えない空気もあったので、まずは管理職の中でフラットに話ができる関係性を作っていこうというのを、丁寧にやっていきました。1～2年で本当に大きく変わった。今は管理職の人たちが一番ナチュラルに話ができるんじゃないかと思うくらいです。そうする中で、学校全体も柔らかなコミュニケーションが流れる場所に変わった気がしてます。

編工研：Quest Linkで本楼にいらしていただいたり、こちらからお邪魔して授業を見学させていただいたりして、たくさんのかえつの先生方とお会いしましたが、本当にびっくりしたんですよ。先生方ってこんなに楽しそうだっけ？って。先生方が互いの立場に関係なくなんでも言うし、佐野先生も授業をご覧になってけっこう遠慮のないダメ出しをその場でしますよね。でもそれで誰も萎縮したり、嫌な気持ちになっていない。皆さんがすごく前向きで、安心してひとつのチームになっているという感じがしました。この環境はどうやってできたんだろうと、とても興味を惹かれました。その後いろいろお話をうかがう中で、佐野先生ご自身の深いところから出てくる思いや、自らを省みる力や、それをどうやって周りにもたらそうかと真剣に悩む姿勢など、いろいろな背景が見えてきて、「ああ、そうか」と納得したんです。たまたまできたチームじゃないんだって。さきほどお話しいただいた前職での体験を経て、佐野先生の周りに必然的に作られていった状況なんですよね。しかし、そうやって信頼の地盤ができているチームに、さらにQuest Linkのようなツールを入れようとしてくださったわけじゃないですか。これによって何ができそうと思われたんですか？

本に乗ると、自分を語れる

佐野：大きくは2つあったんです。信頼の地盤といっても、まだまだ十分な状態ではないんですよね。こだわりのあるテーマとか自分の専門の話になるとコミュニケーションが硬くなりやすいんです。硬くなっている時って、自分を正しい所に立たせてしまいがちで、お互いを受け止め合う寛容度が低くなるんですよね。そうなると、対話したくなくなっちゃうの。誰でもバーっと正論言われると、「そりゃあ、そうですけど」ってなっちゃうじゃないですか。ふだんは「確かにそれって、そうかもしれないですよね。でも、こんな見方もあるかもしれないですけど、それはどう思いますか？」とかやれるのに。こだわりがぶつかりそうなタイプのテーマで対話をするにはどうしたらいいのかなというのは、課題としてあったんです。ものの見方の違いを、どう超えていったらいいのかなって。その時に、本が間に入るというのは、すごく大きいと思ったんですよ。

編工研：意見の違いや対立を乗り越えるために本は非常によいツールだと。

佐野：そうなんです。こだわってしまいがちなタイプの先生ほど、本のことは大事に思っていたりするんです。本を信頼してるんですよね。いろいろ考え合わせると、Quest Linkという本を使った対話のプログラムは、やっぱりすごい仕組みだな、と思ったんです。それに、自己主張が得意ではない人も、「この本ではこう言ってるんだけど」という風に、本に自分の意見を乗せられますよね。実際には自分の深いところから出てくる意見だったりするんだけど。ただ、常に本が媒介になっているから、他の人からしたら別に否定する必要がないんですね。「そう読んだのね」と受け取る形をとりながら、実はお互いの意見にしっかり耳を傾けているという。本とか著者に乗っかれるって、大きいですよね。

編工研：そうですね。自分の生身の意見をいったん置いておける器があると、とたんに安全な場所になりますよね。佐野先生は、U理論を始めとした組織変革についてもいろいろと学んでこられていますが、そういうものとは何か違いますか？

佐野：今まで僕が扱ってきた組織開発の方法論というのは、腹をくくった場回し役がいることで成り立つものがほとんどだったんです。だから、普通はなかなかやりきれないし、力量の差も出る。でも、Quest Link は本が介在することで対話力がいっきに上がりますから。必ずしも先導役の技能や胆力に左右されずに、ある一定の場を作り出せるというのは、発見でした。

編工研：企業でも、そういう問題意識はいろいろなところで耳にするようになったんです。オフィス環境の変化などもあり、コミュニケーションが希薄になってきている中で、あらためてチーム力を高めることに取り組む必要がある。でも、そういう場を仕立てようにも、日頃の立場や関係性を引きずってなかなか深い対話にならない。一方で、立場を超えてみんなで楽しく交流できる場を仕立てようとすると、表面的な盛り上がりに留まってしまう。組織が元気になるためには、随所で深い対話を引き出せるような、何かしらの仕組みが必要なのだろうな、というのは、この2～3年考えてきたことでした。そうして探究型読書をコアメソッドとしたQuest Linkを開発したんですけど、企業よりもひと足早く学校でそういうことが起こっていったというのが、私たちとしては想定外で、それがすごく面白かったんですよね。

面談で試される先生の引き出し力

佐野：Quest Linkを取り入れようと思ったもうひとつの理由は、個人の探究力の問題ですね。この力が学校の先生方にはもっと必要だなって思っていたんです。僕はずっと、チーム力を上げることに意識を向けてきましたが、個人の学習や探究はそれぞれに委ねていました。学校以外の世界に触れてもらうために、いろいろな人との出会いの場を作るようなことはしてきましたが、それもできることに限りがあるんですよね。身近にある本を使い、無数のテーマに触れながら、個人の好奇心を刺激したり、探究力を高めていくことには可能性があるなと思いました。

編工研：佐野先生からご覧になって、先生方に変化はありましたか？

佐野：さっきの話の通り、学校という〝タコツボ〟の中に居続けるとアナロジーの幅が狭くなりがちなんです。生徒が授業でものの見方や考え方を広げる練習をしてみても、先生のアナロジーの幅が狭かったら、子どもは面白くないですよね。探究型読書の中では、読んだ本で得たことと自分の経験や考えとを連想して結びつけることを推奨していますよね。多分あういうことをあんまり意識的にやってこなかったんですよね。多くの先生は今教えていることを、自分の経験と結びつけてあんまり語りません。もっと自分を使えばいいのにと思うんだけど。どういうわけか、そこが苦手というか、もったいないというか。たぶん、自分を表現したり、表に出したりしちゃいけないと思っている人も多いんだと思います。閉塞感の強い学校の先生は、とくにそうですね。そこは変わってきましたね。

編工研：仕入れた知識や情報をいったん自分の中で咀嚼し、経験や考えと結びつけるって、なかなか無自覚にはできないですから。でも、ちょっとコツをつかむと、誰でも感覚が分かるんですよね。

佐野：そうそう。それが経験として自分の中に蓄積されていないと、さきほどの話のように、生徒の「地」を揺すってみる、というアプローチができないと思うんですよ。自分に感覚がないとディレクションできないですから。これね、どこに如実に表れるかって、面談です。日頃の生徒面談もそうですし、進路面談もそうです。たとえば、生徒から進路の相談があったとして、たいていは志望する理由を聞こうとしますよね。「なんでそこに行きたいと思ったの?」って。でも、よほどの衝撃的な経験でもないかぎり、「僕の使命は医者になることです。だから、この大学に行きたいんです」というような志望理由は出てきません。しかし、進路相談をしていると、「そこ(確固とした志望理由)がしっかりしていないとダメでしょう」って、ちょっと生徒の迷いをネガティブに押し戻しちゃったりする。

編工研:就活なんかもそうですよね。まだ社会にも出ていない中で一生懸命〝自分探し〟をしないといけなくて。「どんなビジョンを持っていますか?」なんて。彼らはこれから見つけるんじゃないですか、と思ってしまいます。それがさらには、大学、高校受験をする子たちにも求められるかもしれないと考えると……生徒もそうですが、先生もしんどいですよね。

佐野:しんどいです。この間も卒業生が就職活動のことで相談があると連絡をしてきて、オンラインで相談に乗っていたんですけど。「私は何もできないので」って言うんですね。就職面接では、どんなリーダーシップがあって、とか率先して取り組んだこととか、そういう部分を問われがちだから、そこに当てはまりそうなものがないと「私にはなんにもない」ってなっちゃうんですよね。「だけど、フォロワーシップのような、違う形でリーダーを引き立たせるリーダーシップもあるんじゃないの?」って言いながら、「メモを取るの上手だよね、そういうことが好きなの？」などと聞いていくと、「実は……」みたいなのがちょっとずつ出てくるんですよね。「すごいね。それは俺にはできないわ」と素直に感心していると、やっと自分を見られるようになっていく。自信と新しい観点が同時に立ち上がっていくんですよね。

編工研：その子は嬉しかったでしょうね。忘れがたい転換点になったんじゃないかな。自分の中にいる素晴らしい自分に気がつくということも、探究の成果ですよね。

飢えなければ入ってこない

佐野：そう思います。たまに学校にゲストを呼ぶんですが、そういう人の話に触れて、たいていは「すごい人と（すごくない）自分」っていう風に分けちゃうんですよね。それって学びとしては全然意味がありません。自分にとっては何が大事だったのか、「すごい人」の経験と自分の経験は実はつながっている領域があるんじゃないかとか。そういう気づきをきっかけにしながら、自分を一歩動かしていくような体験を重ねることが、学びだと思うんですよね。せっかく出合ったすばらしいものをどのように自分と結びつけ、新しい自分を引き出していくか。そのためには何かと何かを「結びつける力」が大切だと思うんです。

編工研：漠然と本を読んだり、人の話を聞いていても、結びつきの発見や新しい自分との出合いは起こらない。

佐野：そこなんですよね。自分の中に葛藤とか渇望があって、いったいどうしたらいいんだって指針に飢えている時ほど、1冊の本が大きな力を持ちますよね。

編工研：本当に。でも、あらかじめ飢えておくって、すごく難しい。

佐野：探究型読書の「目次読み」で行う「伏せて、開ける」という手法は、擬似的な飢え状態を作っていますよね。あのひと手間が手前にあることで、本をすごく読みたくなるじゃないですか。そういう細かい仕掛けはとても大事だと思うんですよ。人ってそんなに自ら渇望できるわけじゃないし、中高生にいたっては飢えるに足るような経験もまだ持ってないですから。

編工研：さっきの面談の話じゃないですけど、それこそ、自分では渇望に気がついていないところに、外側から開けてもらうみたいなことだってありますものね。

佐野：そう。生徒の相談に乗る時に、よく幼少期からの自分史みたいなのを書いてもらうんですね。そうすると、17年くらいの人生で、1年に1～2個しかイベントを書き出せていないっていうことがよくあるんです。それで「僕には何もないです」とか書いてくるんですよ。だけどこっちがすごく興味を持って、「この時のこと、ちょっと教えてよ」と聞いていくと、僕なんかにはない経験がたくさんちりばめられているんですよ。そこをひとつずつ面白がって開いていくと、その時の感情と共にだんだん話が深まっていくんですよね。すると、何かしら過去の経験が今の自分につながっていることが分かっていくんです。そうすると、「なんだ、自分はそれで今、こんなことを思っているのか」って、自分の欲望や選択に自信が持てるようになる。自分で気がついていない飢えというのもあるんですよね。

編工研：さきほどの進路相談の子もそうですけど、素晴らしい経験ですよね。自分ひとりでは、そこまでの内省はできませんし。でも、さきほどからのお話で言えば、先生方がそういうことが得意かっていうと、必ずしもそうじゃないですよね。

一人ひとりのデコボコを生かす

佐野：はい、だからQuest Linkのような仕組みが必要なんですよね。先生自らが、発見的な対話から得られるものを体験して、その感覚ごと生徒と向かえるようになったらいいな、と思います。生徒の側も、そういう環境の中で自分の可能性をもっと発見できるといい。生徒の個性って、本当にいろいろですから。授業でグループ学習をする時は、いろいろな個性が合わさるから成立するんですよね。おしゃべりが上手な子もいれば、聞き上手な子もいる。まとめるのが上手な子もいるし、調べ物が上手な子もいる。そういうお互いの個性を生かしながら、人と協力して事を運んでいく力は、中高時代に養っておいた方がいいんですよ。勉強はひとりでできるけれど、社会に出たら自分ひとりでできることなんて限られてますから。だから、学校という場は、「チームになった時の体験」から学べるデザインが施されていて、先生は生徒一人ひとりの個性をしっかり見極めて、チーム編成できる目が求められているのだと思うんです。

編工研：なるほど。先生は生徒の個性の目利きである必要があるんですね。

佐野：生徒の個性を伸ばすという点では、子どもたちを「見立てる力」がいるんですよね。チーム形成のための「見立てる力」という側面と、それぞれの生徒の状態をどう見るかという個別の「見立て」の両方が大事です。「この子はこの辺まで行ってるな」「こういうところ、ちょっと苦手になっているな」という具合に。それに対して、個別に「こういうの読んでみたらどう？」と提案したり、「あの子がその辺、深く探究しているから、あの子と一緒に考えてみたらどう？」と他の生徒との協力を進めたりする。個人へのアプローチとチーム形成のアプローチが同時に求められると思っています。

編工研：それはそれで、すごいスキルですよね。

佐野：なかなかの難易度だと思います。これまでは、みんなで力を合わせて、というのは、みんなで同じことを同じようにやりなさい、ということだったと思います。しかし、生徒は本当に一人ひとり違うから、生き生きとした学びの場をつくろうとしたら、その違いこそ伸ばすべきなんですよね。ひとつのことに向かってみんなで頑張ろう！もいいんですけど、それだけではなくて、もう少し繊細に一人ひとりを見ていく力が先生の側に必要になると思うんです。そういった面でも、先生の対話力って必要なんですよ。生徒の個性も先生の個性も、組み合せてお互いに引き出すことで、学校はもっと面白い場所になると思います。その間を取り持つ大切な役割を本が担ってくれるというのは、とても心強いことです。

編工研：お互いの「違い」に刺激されながら、まだ見ぬ自分と次々に出合っていくような場所に学校がなっていったら、本当に素敵ですね。「学びってなんだろう」ということを、あらためて考えるきっかけをいただきました。ありがとうございました。

【対話Ⅲ】新時代のコンテクストを創造する人たちへ

新型コロナウイルス禍によって図らずも加速した私たちのワークスタイル変革。それは単に働き方の変化を促しただけではなく、私たちの仕事に対する価値観にも大きな影響を及ぼした。組織に依存する時代から個人のパフォーマンスが強く求められる時代へ。IMD北東アジア代表 高津尚志氏に、時代の端境期を生き残る術を聞いた。

IMD北東アジア代表　高津尚志

1989年日本興業銀行に入行。その後、在籍したボストンコンサルティンググループ、リクルートを通じ、一貫して日本企業のグローバル展開支援に従事。2010年、スイスのビジネススクール「IMD」に参画後は、主に日本企業のグローバル経営幹部育成施策の設計や構築、提供に従事。早稲田大学政治経済学部卒、仏インシアード経営大学院MBA、桑沢デザイン研究所基礎造形専攻修了。共著に『なぜ、日本企業は「グローバル化」でつまづくのか』(日本経済新聞出版社)、訳書に『企業内学習入門』(英治出版)など。

学ぶスタイルの変化

編工研：高津さんが北東アジア代表を務められるＩＭＤは、グローバル企業の経営幹部教育で世界トップクラスの評価を得るビジネススクールです。ＩＭＤとして考えるグローバルなリーダー像とは？

高津：ＩＭＤのミッションを見てみましょう。〝Challenging what is and inspiring what could be, we develop leaders who transform organizations and contribute to society.〟「今ある姿」に疑問を呈し、「あり得る姿」を触発することで、組織を変革してる（transform oranizations）、社会に貢献をする（contribute to society）リーダーを育てるのだというのがＩＭＤが自らに課した使命です。グローバルであるというのはある意味、前提となっています。社会が、そして世界がどう変わっていくのか、またビジネスそのものがさまざまな課題に直面する中で、この「Challenging what is and inspiring what could be」現状を捉え直し、あり得る姿を描くことが非常に大切になっていると思います。

編工研：新型コロナウイルス感染症拡大の中、仕事をする環境が大きな変化に直面していますが、この状況を高津さんはどうご覧になっていますか？

高津：これまで世界で起こっていたさまざまな変化の動きが、今回の危機によって一気に加速したという実感があります。そして、この新型コロナウイルス禍は、世界中のあらゆる国にある意味「平等に」大きな影響を与えている、と見ています。

ＩＭＤでも、世界各国の企業幹部がスイスに集まって一緒に学ぶ、というスタイルが突然成り立たなくなったわけですが、その中で一気にさまざまな幹部育成プログラムをバーチャル化し、コンテンツも作り直して提供するという動きを起こしました。3カ月で3年分のデジタルトランスフォーメーション（ＤＸ）を進めることができた、という実感があります。このような動きは、ＩＭＤに限らずいろいろなところで起こっているのだと思いますが、大きいのはコミュニケーションの方法の変革です。Ｚｏｏｍのような「どこでもドア」が日常的に使われるようになりました。この「どこでもドア」がビジネスや生活の新しい基盤になったことで、さまざまなことに変化が起こり始めているというのが現状だと思います。

人と会うまでの一連の手続きが短縮されて、たとえば「じゃあ、明後日の11時、Ｚｏｏｍで。以上。よろしく」みたいな感じで、世界中、どこからでも簡単に集まれるんですよね。コミュニケーションのスピードが格段に上がりました。また、スクリーン上でみんながタイルのように並んでいるという状態が普通になりました。着ているものの質や場の気配、暗黙的な関係性……、そういうことから解き放たれて、映像と音声で行なわれるコミュニケーションだけが「現実」になりつつあります。

編工研：オンラインミーティングには、上座や下座はありません。

高津：そう。社長も部長も誰でも「同じ大きさのタイルの中」にいるんです。互いの関係性すらスクリーン上でフラット化されたように見えます。それはもちろん錯覚かもしれませんが、オンライン上では、私たちが持っているヒエラルキー感覚や、共有している社会のしきたりみたいなもの、つまり、私たちを取り巻くこれまでのさまざまなコンテクストが、かなりの程度、無力化されるんです。

編工研：ヒエラルキーや社会のしきたりは、ある意味、錯覚と言えなくもない。錯覚に馴染めば、人はそれを「現実」として受け入れるようになります。

コンテクストからコンテンツへのパワーシフト

高津：既存のコンテクストが無力化される、あるいは多くの人がそう知覚し始めると、コンテクストからコンテンツへのパワーシフトが起こります。どういうことかと言うと、これまでは、肩書や互いの関係性など既存コンテクストで覆われたリアルな「場」でコミュニケーションが行われていましたが、オンラインミーティングが普及し、既存のコンテクストの力が薄れ始めると、「その人の『発言そのもの』が面白いか」とか「人の心に届くメッセージか」など、発言者の立場に関係なく、中身、つまり、コンテンツの重要性が増してくるのです。

編工研：その場の気配を察するとか、存在感を示すだけではミーティングを乗りきれなくなりました。これまでもその傾向はありましたが、今後は一層、強まりそうですね。

高津：まさにその通りです。気配や存在感でコトを運ぶのが上手だった人は、自分の強みをもう一度作り直さなきゃいけない。これは、やっているゲームが野球からテニスに変わったくらいの大きなインパクトがあります。

編工研：ゲームのルールが変わったんですね。

高津：というより、ゲームそのものが変わった。野球のストライクゾーンの幅はおよそ40センチ（17インチ、43・178センチ）です。これまではバッターボックスに立って、その40センチほどのところにボールが飛んでくるのを待っていればよかった。しかし、突然、やっているゲームがテニスに変わって、横幅約8メートル（27フィート、8・23メートル）のコートを走りまわり、ボールを打ちに行かなければならなくなった。それくらいゲームが変わってしまったら、自分のプレイスタイル自体も変えていかないと勝負になりません。

もうひとつ。どれだけ自分が参加できるようなクラスターを持てるのかという「社会とつながる力」の強弱も新たに問われるようになると思います。オンラインでの集まりが普及すると会社の中だけでなく、いろいろな集まりにこれまで以上に気軽に出入りできるようになるわけですから。しかも、物理的な距離は問題にならないので、国際会議もすぐに開けます。

編工研：銀座のオフィスや赤坂の行きつけの店など、物理的な空間に帰属していたような意識が薄れていくことで、あらためて、個人としての在り方が問い直されていくのかもしれません。

高津：おっしゃる通りです。だから、結局は「この人の話は面白いか、面白くないか」という話に収束していくと思うんですよ。これまでのコンテクストが完全に消滅するとは思わないけれど、その重要性は相当後ろの方に下がってしまうでしょう。

編工研：自分のコンテンツ力を上げることは、ビジネスに限らず、豊かに生きていく上でより切実になっていくのでしょう。目新しく説得力のある意見、発展的な対話の構築力、問題発見力などが他者とつながる力に直結してくる。コンテクストだけでなく、コンテンツが問われるというのは、そういうことでしょうね。

なぜ「内面の鍛錬」に本が有効なのか

高津：社会的な立場や会社での地位のようなコンテクストに立脚しない自分自身のコンテンツ力を磨く上で、本は非常に大事です。今回のコロナ禍では、ソーシャルメディア上でインフォデミック（Information＋Epidemic：ネットで噂やデマも含めて大量の情報が氾濫し、現実社会に影響を及ぼす現象のこと）が世界規模で発生しました。そういう状況を見ていると、もうすでに、かつてのプロフェッショナル・メディアは死んでしまったように思えました。「取材で得た情報の裏を取り、事実と認識できるものだけを報道する」という矜持を持つプロフェッショナル・メディアの社会的な存在感はどんどん低下しています。一方で、ソーシャルメディアを活用した個人の発信力は強まる一方です。

不確かな情報が世界中を巡り、それらに多くの人々が翻弄される時代です。ものの見方や考え方の変革に向かわなければならない時に、無駄な情報を消費したり、それらを拡散したりすることで、みんなで疲弊している暇は本来、ないはずなんですが。

では、思考や認知の変革に向かうにあたり何を知的な拠り所にすべきかというと、それは本だというのが僕の現時点での結論なんですね。なぜ本なのか。本は著者と編集者が時間をかけて作るものだからです。複数の人間が時間をかけて一冊の本を作るというプロセスが大切なのです。

編工研：著者と編集者が共同で制作する作品であるというところに注目されているんですね。

高津：多くの本の著者は、少なくとも数カ月あるいは数年、場合によっては数十年の思考を結晶化するプロセスとして、本の執筆という行為を意味づけています。一方、編集者は著者が持っているコンテンツを善意の第三者として批評しながら、コンテンツに内在する論理的普遍性や時空を超える耐久性を見極め、本という作品にしていく。このようなプロセスを踏むことが大事だと僕は思っています。

編工研：手間暇をかけることに、あえて価値を見出す。

高津：コロナ禍に見舞われた世界は、私たちにとって、まさに未曾有の世界とも言えますが、だからといって、これまで指摘されてきた人類レベルの課題、たとえば、グローバリゼーションの功罪、人種・所得等の格差問題、テクノロジーが社会にもたらす正負の影響……などと無関係なわけではありません。それゆえ、コロナ禍が始まる前に書かれた優れた社会批評や思想書を読むことも、現在起こっていることをより深く解釈したり、これから起こりうることを想像したりする助けになります。時空をまたいだ論理的普遍性や価値の耐久性を、善意の著者と編集者は作品に注ごうとしているはずです。これからも、そうでしょう。その結晶物としての本に触れるということ自体が、人の内面の力を高める探究の始まりだと僕は思います。

何かを探究しようとする中で、本は自分のセキュアベースになると思うんです。セキュアベースというのは、安全な基盤という意味なんですが、挑戦に向かわせるものという側面もあります。安全な場でありながら知的冒険に向かえる。これはひとりで読書をする時もそうですが、Quest Linkのように本を媒介にして人が対話をする場面で、非常に鮮明に実感できることです。集まった人たちがより安全で知的な対話をすることによって、何か深いものや広いものに気がつくということが起こりますよね。そのインスピレーションの源泉、あるいは探究のテコになる道具として、本はとても「有能なツール」だと思います。

本はチーム力向上のテコになる

編工研：個人の探究力のみならず、組織やチーム内でのコミュニケーションの質を高めるという点でも本は有効な道具になります。

高津：情報の真偽をめぐる対立や個人的意見の衝突ではない形で、お互いの異なる見方を交換できる、ということが大事です。たとえば、よく考え抜かれた素晴らしい表現を本から借りてきて、「これについてどう思う？　僕はこういう意味で共感しているんだけど」「私は共感のポイントがちょっと違って、こういう風に受け取りました」という話ができる。すると、自分と人は違うということが、ポジティブな場の力になっていきますね。

編工研：そうですね。チーム内での意見の違いがネガティブな状態にならなくなりますよね。本が衝突を吸収して、それを超えたところでの対話のテコになるからです。

高津：たとえば「日本は9月入学に移行をすべきか否か」みたいな命題は、普通に議論をすれば、個人的な立場や思想信念の違いによる意見の衝突が起こるかもしれません。しかし、本を媒介にすることで違った性質の議論ができます。仮にその本の中で、日本が9月入学に移行をすべきであるということが著者なりに考え抜かれた探究の成果として記されているのであれば、その命題そのものというよりは、「著者が言っているこの部分のロジックについてみんなどう思うの？」という風に話が展開しやすいし、「じゃあ、留学促進の可能性についてきみはどう思っているわけ？」といったように、命題の奥にある論点を参照しながら対話を進めることもできる。優れた本というのは、結論に至るまでにさまざまなロジックやエビデンスや伏線が積み重ねられています。それゆえ、本の主題だけでなく、その思考のプロセス自体に乗って議論ができ、「なるほど。じゃあ、そこのところで僕たちは考え方が違うんだね。その違いを埋めるためにはどういう事実が必要なんだろうね」みたいな議論ができるじゃないですか。

編工研：確かに。冒頭の方で出てきた、「コンテクストからコンテンツが問われるようになる」というところの、コンテンツ力がある人のイメージがだいぶくっきりしてきました。対話の中で、話すべきテーマをさまざまな角度から提示できる人、参照すべき「考え抜かれたものの見方」を本や人の話から借りてきて場に持ち込める人。高津さんは、よくそれをなさっているんですよね。コンテンツの力というのは、場を編集する力にもなっていくのだなと思いました。

高津：どのようにテーマを選び、それをどのように場に出すのか。まさに編集力そのものですね。

編工研：さきほどのコンテクストとコンテンツの話は、既存のコンテクストだけに頼っていられなくなるという話でしたが、そこにしっかりとしたコンテンツを持ち込むことによって、その場で共有できるコンテクストを新たに立ち上げることもできるのでしょうね。

新たなコンテクストを立ち上げる

編工研：コンテンツ発見力や命題提示力、探究触発力のような力が、新しいコンテクストを立ち上げていくのでしょうか。

高津：既存のコンテクストの優先順位は後ろの方に下がるけれど、一方で、新しい環境の中では新しいコンテクストが生まれてくるはずです。さっきの例で言えば、野球からテニスに変わる中で、いかに自分で流れを作り出してそこに乗るか、ということでもあります。

編工研：面白いですね。前にあったものが後ろに下がり、後ろにあったものが、前に出るといったことが、数珠つなぎになりながら起こっていくような感じがしますよね。

高津：弁証法的な進化ですね。一方に振れっぱなしになるのではなく、行ったり来たりする。ＩＭＤでも企業経営幹部教育のオンライン化、バーチャル化を進めてきました。実際、かなりの手応えを感じているのですが、オンラインでできることが見えてくると、「もう、リアルの講義やワークショップはいらないのでは」という極論も出てくる。すると「いや、ちょっと待ってほしい。まさにリアルだからこそできることもあるのでは」というように、これまでの取り組みの再定義を行う機会にもなります。

コンテクストとコンテンツの話は、おそらく行ったり来たりするんですよ。行ったり来たりするんだけれど、じゃあ、元に戻るかというと、そうではなくて、螺旋を描きながら変化し、進化していく。上から見ると同じところにいるみたいに見えるんだけど、横から見ると全然違うところにいるみたいな話になる。それが高速で起こっていく。そんな変化・進化をどれだけ主体的に動かしていけるかは、やはり個々人の探究力に依存するのだと思います。

編工研：あるコンテクストから脱出して、新しいコンテンツを提示し、その新しいコンテンツから新しいコンテクストが生み出されていく。その「間」をつないでいるのは、探究力ということなのでしょうか。

高津：はい。「探究」はとても面白い言葉だなと思っています。「探す」という字と、「究める」という字がくっついているわけでしょう。「究める」には、何かを深く掘っていくような垂直方向のイメージがあるじゃないですか。一方で「探」というのは、これは「探す」だから、どちらかと言うと、あっちに行ったり、こっちに行ったりという水平方向の動きを感じます。「探究」とは、横に広げて、縦に深めることを、同時に起こすということですよね。「知の探索」と「知の深化」の「両利きの経営」を目指さなければ、ということが近年よく言われますが、まさにそれを個人レベルでもどんどん起こしていく時代になるのだと思います。

編工研：うまくその流れに乗れる人には、おそらくとても面白い時代が到来しますよね。一方で、それこそ古い文脈からなかなか抜けられなくて、どうしたらよいんだろうと思っている人たちの方が多いのではと思います。そういう人は、まず何を考えればいいんでしょう？

変化の流れに乗る

高津：まずは「変わりたくない自分」というのを認めることじゃないですかね。大変ですよ、この変化は。野球選手としてはけっこうイケていた人たちが、いきなりテニスコートに立たされるわけですから。みんなが縦に横に走り始める中で、バット持って隅っこに立って「この40センチ内にボール来れば打ち返すんだけどね」なんて思っているわけです。それは、当たり前のことでね。人間なんて、そんなにホイホイ自分の勝ちパターンを捨てられるものではないですよ。だから、変わりたくない自分がいるということをまず認めた方がいい。

で、そのことで自分を責めずに、変わることへの抵抗感や恐怖心ごと受け入れてしまうといいと思います。でも、いつまでもバットを持ってテニスコートの端っこに立って、ボールを待っていても仕方がないわけで、これをどうしようかなとさえ思っていれば、野球で鍛えた動体視力は使えるよなとか、キャッチボールの動作とテニスのサービスってけっこう動きが似ているよなとか、自分の中に適応するための素材がけっこうあることに気がついていくと思います。すると、それを生かすには、今どこの筋力が足りていないのか、新しくどんな技術を身につけるべきなのか、何を練習すべきなのか、という差分も見えてくる。けどね、そこを鍛えていくプロセスはしんどいですよ。それなりに時間もかかるし。

編工研：自分の棚卸しみたいな、できることとできないことに向き合わなきゃいけないですものね。

高津：向き合って、なおかつ、新しいやり方を練習しないといけない。練習のプロセスは、たいてい無様なことになるわけですよ。いろいろ失敗する。そこでプライドが傷ついたりするんですが、そこで止まってしまったら、やっぱり2年後もバットを持ってテニスコートに立っている残念な人になっちゃうわけですよ。これはやっぱり、ちょっとまずいじゃないですか。だから、まずは変わることの難しさを認めつつも、何をどう変えればよいのかっていうことの作戦をちゃんと立てて、トレーニングに取り組まないといけないっていうことだと思うんです。

けれど、一方で思い出してもらいたいのは、今このチャレンジが世界中で一斉に起こっているということです。自分だけじゃない。「うちの会社」だけでもないし、「日本」だけでもない。変化に際しては、コンフォートゾーン（快適域）から飛び出す必要がありますが、好む、好まないにかかわらず、今人類みんながコンフォートゾーンから強制的に押し出されてしまっている状況ですよね。こんなことは今までなかったんですよ。

編工研：そう考えると、自分の内側にある小さなプライドみたいなものにこだわっている場合じゃないんですね。「今さら、どうしたらいいかなんて人に聞けないよね」みたいな。みんなそうなんですから。

高津：そう。みんなそうだし。誰も答えを持っていないですから。でも、ヒントは今の時代だけにあるわけじゃないですよね。人類はこれまで、いたるところでさまざまな変化を体験してきている。自分だけじゃないし、今だけじゃない、ということにしっかりと向き合って、自分の想像力次第で学べる素材はいくらでもある、ということに気づくといいと思います。その時に「探究の結晶」である本をいかに活用するかというのが、さきほどからの話ですね。

編工研：まさに、野球からテニスに変わらなければいけないという時に、変化のサポーターとして本が働いてくれるわけですね。

先達の革新に学ぶ

高津：それを僕は編集工学研究所の「ハイパーコーポレートユニバーシティ［ＡＩＤＡ］」（松岡正剛が塾長を務める次世代リーダー育成塾）で学んだんです。岡倉天心や世阿弥など、僕たちから見ると偉人と言われているような人の人生について、実際に縁《ゆかり》の場所に行ったり、関連する本を読んだり、松岡正剛さんやゲストの先生方の話を聞いたりしながら学ぶわけですけどね。歴史に名を残す人たちというのは、みな、何か新しいことをやっている人たちなんですよ。面白いことを言い出したとか、珍しいことをやり始めたとか。ＩＭＤ流に言えば、「現状を捉え直し、あり得る姿を描く」ことをしたんです。

芸術家なら、宗教画が主流だった時代に農民の生活を描いた人、奥行きのない画面ばかりだった時に遠近法を開発した人、精緻な絵にうんざりし始めた時代に、フラットに光と印象を表現しようとした人など。社会の変化や技術の変化というものをきっかけにしながら、自分自身の新しい表現を作っていった人たちが、後から振り返れば、新しい時代を作った人になっているわけです。

そういう人たちだって、変化の最中に完全に先が見えていたわけではないですから。彼らがどういう風にコンフォートゾーンから出て、自分を変革し、結果的には芸術や技術や社会を革新するにいたったのか。そこを追体験するのは、今を生きる上での勇気の材料になると思います。

編工研：変革のモデルは確かに、歴史の中にたくさんありますよね。それを自分の中に取り込むための道具として、本をはじめとした優れた情報を活用するといいのでしょうね。

高津：僕自身、コロナ禍の最初の3カ月というのはけっこう辛い時期だったわけです。しかし、その時に、すごくよい本を何冊か読んだり、しっかり作られたドキュメンタリー番組を見たり、きちんと考察された論考に目を通したりしていく中で気がついたことがたくさんありました。「なるほど、こういう考え方もあるよな」とか「こういう見方はオレ、してなかったよな」ということを発見しながら、自分の中に取り入れていった時期だったと思います。

編工研：その時に、どんな情報を選ぶのかというのは、とても重要ですね。

高津：そうだと思います。だから現在のような変化の激しい時こそ、編集工学研究所という組織は、社会に対してとても大事な役割を持っていると思うんです。本という文化をものすごく大事にしているでしょう。その上で、松岡正剛さんの「千夜千冊」などの活動をはじめとして、それぞれの本に内在する探究の深さを見抜きながら、書籍文化の目利きとして、フィルターの機能を果たしてくれてますよね。「こういう状況なら、この本がいいのでは」とサジェスチョンをできるリソースが他のさまざまな組織に比べて、はるかに豊かなので、それはぜひ、社会のために生かしていただきたいと思います。

新しい習慣

高津：きちんと選ばれた本を媒介にして、安全だが、知的チャレンジが担保されたような場を仕立てていく活動は、個人だけではなく、組織にとっても、大切だと思います。

編工研：現在、編集工学研究所ではQuest Linkをオンラインで提供できるように準備を進めているところなんです。ディスプレイ上でヒエラルキーがフラットになったように感じるとしても、人の思考はフラットにならなくていいような仕組みを編集工学研究所はスピードを落とさずに提供していきたいと考えています。

もうひとつ加えると、一回の研修で参加者のマインドセットにまるごと変更をかけるのは、リアルでも難しいことです。ただ、一方で、オンラインのツールが浸透することで、組織の中の習慣やスタイルづくりはやりやすくなっていくだろうと思うんです。そこでQuest Linkの活用を通じて、組織の中の探究や思索の習慣化が根づくようにできればと思っています。

高津：一回の研修で個人、あるいは組織のマインドセットを変えるのは難しい。その狙い自体を見直した方がいいという話は、まったくその通りだと思っています。とくに本楼やIMDのスイスのキャンパスみたいな素敵な場所に行くと、それだけでメンタリティが変わったり、モードが変化したりするのですが、そういう劇的な体験をネットで演出するのは難しいですよね。オンラインではむしろ、反対の方向に行くべきだと思います。つまり、劇的ではなく、日常の習慣として、定着させる方向で研修プログラムを組んでいく。

ＩＭＤでも、ある企業のカスタマイズ研修をオンライン化しました。リーダーシップに焦点を当てた5日間のスイスでの対面集合型は、12週間のオンラインプログラムになりました。対面集合型の研修を午前1コマ、午後1コマというようにテーマで切り分けていくと、だいたい10~12個のテーマになるわけです。さらにテーマの一つひとつをばらして、ウェビナーのように同期型ツールですべきこと、録画や書籍など非同期型ツールで学べること、参加者同士のチャットで議論を交わすといいこと、などに分けたのです。

そして、仕事とプライベートの時間との両立を鑑み、一週間あたり4時間ぐらいまでの学習時間、というしばりを入れて整理し直すと、全12週間のプログラムになりました。「一日8時間もオンラインの授業は受けていられない」「時差もあるし」という制約からの出発でもあるのですが、一方で、一週間に4時間、常に学び続けている状態を作ることによって、その人の日常生活や仕事とのリンクがどんどん起こるようになったんですね。それはそれで学びと実践をつなぐ、とてもよいやり方だなと思っています。

編工研：オンライン環境を利用して、新たな学びの習慣を作っていくということですね。

高津：そうです。そういう風に考えて応用すると、Quest Linkも単発的な学びやイベントではなく、〝探究できる半年間の生活〟をサポートするための装置のようになってくる。その装置の力を借りて、自分の知的体力の向上のみならず、生活の仕方、仕事の進め方、ものの考え方をいい方向に変えていくきっかけにもなっていくと思います。それを、組織レベルで起していけるとよいですよね。

編工研：ありがとうございます。

おわりに

世界を探究するために

学者、物知りとは書物を読破した人のことだ。
だが思想家、天才、世界に光をもたらし、人類の進歩をうながす人とは、
世界という書物を直接読破した人のことだ。

——『読書について』
（アルトゥール・ショーペンハウアー　鈴木芳子訳　光文社古典新訳文庫）

「読書」というのは不思議なもので、昔からみんながやっていることなのに、「どうやっているか」はなかなか見えません。世に「読書術」の本が絶えないのは、なんとかそのプロセスを可視化して共有したい、という人類の願いの現れでしょう。本書もそうした狙いを持つ書物の中の1冊と言えそうです。

では、そもそも読書というのは、一体何をしていることなのでしょうか？　文章を味わったり物語に引き込まれるといった読書の愉しみもあれば、知識や視座を得るといった実用的な効能もあります。どんな読み方をするにせよ、著者の言い分と自分の想像力の間に読書という行為があることに変わりありません。「探究型読書」は、「自分の想像力」の方に思い切って重心を置く読書法です。「探究する自分」と「探究のための道具としての本」、この役割の再定義を提案するものです。

アメリカの哲学者チャールズ・サンダース・パース（１８３９～１９１４）は、「探究」とは「疑念から信念へ到達しようとする努力」のことであると言いました。自分の中の小さな疑念から探究のプロセスが立ち上がり、やがて信念へと到達し、それを確認する中でまた新たな疑念が生じ、次の探究のプロセスに入る。そのスパイラルそのものが、探究するという行為の本来であると言っています。

そしてパースは、探究のプロセスの重要な要素として「仮説形成（abduction）」を置きました。演繹（induction）でも帰納（deduction）でもない第三の推論として1世紀以上前に提示された方法ですが、現在、人工知能界隈ではこの仮説形成（abduction）の研究が盛んです。人間が自然に行える「仮説を立てる」という行為が、ＡＩにとっては難題なのです。それくらい、人間の「仮説する想像力」というのは、すこぶるよくできているのです。

探究型読書は、この「仮説する想像力」が読者の側にいかんなく立ち上がるようにプログラムされています。著者の観点を借りて、自分の考えを仮置きして、「仮どめ状態」のままに本を読み進める中で、自分でも想定していなかったような光景に度々出くわすことになります。その驚きと発見こそが探究型読書の醍醐味です。

無数の著者がいて、無数の読者がいて、その出会いの数はさらに無数の掛け算であるとするなら、「本の読まれ方」にはどれひとつとして同じ形はありません。翻って言えば、「本を読む」という行為は、一人ひとりのイマジネーションの仮想領域に新しい世界像を立ち上げることであるとも言えます。探究型読書は、その仮想領域を明示的に創り出すための装置でもあります。第二章でその装置のからくりを明かし、第三章でその扱い方の詳細なマニュアルを公開しました。「探究型読書ノート」をダウンロードして、ぜひ何度でも実践してみてください。

いま世界は、ますます見通しの効きにくい混沌に突入しています。本は自分を取り巻くこの世界をどう読むのか。一人ひとりにその力が問われています。本は「世界を読む」ための望遠鏡や虫眼鏡になり、周囲を見晴らす展望台や滑空するための翼になり、手強い仮想敵や心強い相棒になってくれるものです。本の力に出合い直すひとつの切り口として、本書がお役に立てれば幸いです。

本書でご案内した本とのつき合い方や考え方は、すべて弊所所長・松岡正剛から学んだものです。松岡さんの半世紀にわたる知的冒険なくしては、本書の構想すらもありません。いまだ先頭をきって本の可能性を探究し続けながら、惜しみなくその方法を周囲に伝え続ける松岡さんに、この場をお借りして、心からの敬意と感謝を記させていただきます。

この探究型読書というアイデアを書籍に仕立てるにあたっては、多くの方々のお力をお借りしました。探究型読書の可能性を確信してくださったクロスメディア・パブリッシングの小早川幸一郎社長、編集担当として根気強く細やかにご尽力くださった川辺秀美さんには、「本の読み方を本にする」上で、常に的確なアドバイスをいただきました。形にしにくい概念や方法をユニークな図版に仕上げてくれたのは、編集工学研究所のデザイナー穂積晴明くんです。

第五章の「探究型読書をめぐる対話」にご登場いただいた荘司祐子さん、佐野和之さん、高津尚志さんには、それぞれの視点から、発見と希望に満ちた素晴らしいメッセージをいただきました。

こうした方々のお力添えによって、私たち編集工学研究所が大切にしてきた方法論である「探究型読書」を、広く読者の方々に共有することができました。心より感謝申し上げます。

編集工学研究所

索引

A～Q

あ

か

【著者略歴】

編集工学研究所（へんしゅうこうがくけんきゅうじょ）

企業の人材組織開発、理念ビジョン策定、書棚空間のプロデュースなど、個と組織の課題解決や新たな価値創出を「編集工学」を用いて支援している。本を活用する共創型組織開発メソッド「Quest Link」、理化学研究所「科学道100冊プロジェクト」、近畿大学「ビブリオシアター」、良品計画「MUJI BOOKS」などを展開。所長・松岡正剛が情報編集の技法として提唱した「編集工学」は、オンライン・スクール「イシス編集学校」で、そのメソッドを学ぶことができる。「生命に学ぶ・歴史を展く・文化と遊ぶ」が、1987年創設以来の仕事の作法である。

安藤昭子 編集工学研究所 専務取締役

企業の人材開発や組織理念開発、自治体／省庁のマスタープラン策定、大学図書館改変など、多領域にわたる事業を統括している。Hyper-Editing Platform［AIDA］プロデューサー。

谷古宇浩司 編集工学研究所 クリエイティブ・ディレクター

数々のWebメディアの事業統括／編集長を歴任後、入社。デジタルマーケティングの戦略立案やメディアの立ち上げ／運営経験を活かして、事業開発や編集制作を指揮している。

橋本英人 編集工学研究所 主任研究員

企業や大学における編集力養成プログラムの開発やコーチング、イベント企画／運営、紙媒体／書籍／Webメディアの編集制作に従事している。Quest Linker養成講座トレーナー。

探究型読書《たんきゅうがたどくしょ》

2020年 8月11日　初版発行

発行　**株式会社クロスメディア・パブリッシング**

発行者　小早川幸一郎

〒151-0051　東京都渋谷区千駄ヶ谷4-20-3 東栄神宮外苑ビル

http://www.cm-publishing.co.jp

■本の内容に関するお問い合わせ先 …………………… TEL（03)5413-3140／FAX（03)5413-3141

発売　**株式会社インプレス**

〒101-0051　東京都千代田区神田神保町一丁目105番地

■乱丁本・落丁本などのお問い合わせ先 ……………… TEL（03)6837-5016／FAX（03)6837-5023

service@impress.co.jp

（受付時間　10:00～12:00、13:00～17:00　土日・祝日を除く）

※古書店で購入されたものについてはお取り替えできません

■書店／販売店のご注文窓口

株式会社インプレス　受注センター ……………………… TEL（048)449-8040／FAX（048)449-8041

株式会社インプレス　出版営業部 ………………………………………………… TEL（03)6837-4635

ブックデザイン　金澤浩二（cmD）

装画・扉絵　木原未沙紀

印刷・製本　中央精版印刷株式会社

校正・校閲　konoha

DTP 荒好見（cmD）

ISBN 978-4-295-40437-8 C2034